Form ist

LEERE

ist Form

Das Herz-Sutra

In der Reihe *Der Springende Punkt* erhältliche Titel:

Wie der Schmetterling aus der Raupe
Zen als innerer Wandlungsprozess
ISBN 978-3-9521915-5-2

Als Zen noch nicht Zen war
Worte und Taten der alten Meditationsmeister
ISBN 978-3-9521915-3-8

Man sieht nur in der Stille klar
Zen-Vorträge von Meister Sokei-an
ISBN 978-3-9521915-7-6
E-Book ISBN 978-3-9524409-0-2

Das andere Ufer ist hier
Sokei-ans Erläuterungen zum *Sutra des Sechsten Patriarchen*
ISBN 978-3-9521915-8-2
E-Book ISBN 978-3-9524409-1-9

Sokei-ans Weisheit
Zitate aus diversen Zen-Vorträgen
ISBN 978-3-9524409-5-7
E-Book ISBN 978-3-9524409-5-7

© Zentrum für Zen-Buddhism Zürich, Schweiz - 2016
Originaltitel: «Form is Emptiness is Form»
ISBN: 978-3-9524409-2-6
Alle Rechte für den Originaltext des Autors RWH vorbehalten.
Aus dem Englisch übersetzt: Agetsu Wydler Haduch

Einband-Bild: «Form ist Leere» - *RWH*
Abbildung auf der Widmungsseite: Avalokiteshvara - *RWH*
Abbildung: Der asketische Buddha: - *RWH*
© Zentrum für Zen-Buddhismus Zürich, Schweiz - 2016
www.zzbzurich.ch

ISBN 978-3-9524409-6-4

Gewidmet allen vergangenen, gegenwärtigen
und zukünftigen Buddhas.
Mögen wir uns alle, eines Tages, in ihrer
erhabenen Gemeinschaft befinden.

Form ist

LEERE

ist Form

Das Herz-Sutra

Robert Wydler Haduch

Der Springende Punkt
Eine kleine Zen-Bibliothek

Ich
stehe auf
der Spitze der
Pyramide gestützt
von Euch allen, mit oder
ohne Namen, die Ihr früher
vorbei gegangen seid. Ich verbeuge
mich demütig vor Euch in Dankbarkeit,
mit unzulänglichem Dank für die gewaltige
Mühe, die Ihr auf Euch genommen habt, um
meinen unsteten Kompass zu festigen und die kleine
Barke im stürmischen Ozean des Lebens über Wasser zu
halten. Euch allen, in dieser unermesslichen Schar, sage ich:
Gate! ... Gate! ... Paragate! ... Parasamgate! .... Bodhi Svaha!

Mein Dank geht auch an die vier Personen, die grosszügig ihre Zeit und Talente gespendet haben für die «Schaffung dieser Form aus Leere».

Erstens danke ich meiner Ehefrau und Partnerin Agetsu. Unser gemeinsamer Weg begann vor vielen Jahren, als wir unter dem Bodhi Baum in Bodh Gaya heirateten. Seither wirken Agetsu und ich als Ko-Leiter im *Zentrum für Zen-Buddhismus* in Zürich. Ihre kritische Analyse, basierend auf ihrer jahrelanger Zen-Praxis und Erfahrungen des «echten Lebens», waren von unschätzbarem Wert für die Entstehung dieses Buchs.

Zweitens geht ein inniges «Danke schön» an meine lieben Freunde Loretta Gesmond und Walter Reece für die Korrektur meiner mangelhaften englischen Grammatik und die vielen wertvollen Vorschläge und prägnanten Fragen sowie an unsren langjährigen Freund Elias Torra für das sorgfältige Lektorat der deutschen Fassung.

...Gate! Gate! Paragate! Parasamgate! Bodhi Svaha!

INHALT

Anmerkung zur deutschen Übersetzung	10
Einleitung	11
1. Bodhisattva Avalokiteshvara	15
2. Shariputra	19
3. Die Äusserung	23
4. Worte sind Ersatzmittel	28
5. Prajñāpāramitā	31
6. Kann man Prajñāpāramitā verwirklichen?	33
7. Die Puzzle-Schachtel öffnen	36
8. Gute Nachrichten	42
9. Der Bald-Werdende-Buddha	45
10. Sechs Jahre	49
11. Der Bodhibaum	52
12. Unter dem Bodhibaum	54
13. Die Lehre des bedingten Entstehens	60
14. Die Erste Edle Wahrheit	74
14.1 Allgemeines Leiden	76
14.2 Veränderung	77
14.3 Die bedingten Daseinsfaktoren	80
15. Die Zweite Edle Wahrheit	84
16. Die Dritte Edle Wahrheit	91
17. Die Vierte Edle Wahrheit	95
18. Alles zusammenfügen	100
19. Was ist zu tun?	113
20. Das Herz-Sutra	116
21. Maka Hannya Haramita Shingyo	118
Glossar	119

ANMERKUNG ZUR DEUTSCHEN FASSUNG

Als wir, Robert und Agetsu, im Herbst 1992 das Zentrum für Zen-Buddhismus gründeten, war eines unserer ersten langfristigen Projekte die Herausgabe der Bücherreihe *Der Springende Punkt – eine kleine Zen-Bibliothek*. Sie hatte und hat das Ziel, einige der grundlegenden Texte des Zen-Buddhismus unkompliziert und kompakt darzustellen. Als Erstes erschien 1993 *Das Herz-Sutra*. Dieses kleine Buch fand eine interessierte Leserschaft und wurde mehrmals mehr oder weniger unverändert neu aufgelegt. Als im Herbst 2015 wiederum eine Auflage zur Neige ging, hatten wir das Bedürfnis, das Sutra, nach all den Jahren, in einer neuen, zeitgemässeren Form zu präsentieren. Wir kamen überein, dies aus der Perspektive und mit den Worten von Robert zu tun. Und so nimmt uns Robert mit auf einen Weg, der, unabhängig von ausgetretenen Pfaden, direkt an die Essenz dieses Textes führt. Ausgehend von einem möglichen Szenario für die «Geburt» des Sutras führt der Weg über die Darstellung von Buddhas grundlegenden Lehren zur Erläuterung des Sutra-Textes und endet mit Anregungen zur praktischen Umsetzung für uns heutige Menschen. So wird das *Herz-Sutra* in einer Sprache «erzählt», die auf alltäglichen Erfahrungen, einem sorgfältigen Studium und nicht zuletzt auf einer langjährigen Meditationspraxis beruht. Es war mir eine grosse Freude, *Form ist Leere ist Form* ins Deutsche zu übersetzen.

Agetsu Wydler Haduch
Zürich, Oktober 2016

Einleitung

Montag, 3. September 1990, 6.30 früh, Bundesstaat New York, Zen Mountain Monastery (ZMM): Die im Kloster wohnenden Mitglieder der ZMM-Sangha hatten sich für die erste Meditationsperiode des Tages in der grossen Meditationshalle (Zendo) versammelt. Das Zendo war früher einmal eine römisch-katholische Kapelle gewesen. Aus jener Zeit war einzig ein grosses hölzernes Kruzifix übrig geblieben, das an der Steinmauer hinter dem Altar hing. Der Mann am Kreuz blickte auf die Versammlung von Mönchen, Nonnen und anderen Zen-Praktizierenden herunter, die, in schwarze Kutten gekleidet, mit gekreuzten Beinen auf mit Kapok gefüllten Kissen (Zafus) aus schwarzem Baumwollstoff sassen. Die Zafus lagen auf Matten aus schwarzem Baumwollstoff, jede ein Quadratmeter gross und akkurat den zwei langen Wänden entlang ausgerichtet. In jeder Reihe sassen sich fünfzehn «Zennies» gegenüber, zwischen ihnen die weite Fläche des auf Hochglanz polierten Holzbodens. Direkt unter der Figur des gekreuzigten Lehrers befand sich ein Altar mit der Statue eines anderen Lehrers, des Buddha. Dieser überblickte stehend die Versammlung, ein leichtes Lächeln im Gesicht, die rechte Hand mit nach vorne gewandter Handfläche erhoben. Auf dem Altar befanden sich ausserdem Vasen mit frischen Blumen, eine kleine Porzellanschale mit frischem Wasser, ein kleines Bronzegefäss mit einem bereits entzündeten Räucherstäbchen sowie eine Kerze. Der Rauch schwebte träge nach oben, wobei er ein exotisches Aroma freigab, das die Lehrer und Schüler gleichermassen einhüllte. Es war nur ein kurzer Moment vergangen, seit der Abt des Klosters das Räucherstäbchen an der tanzenden Kerzenflamme entzündet und mit einer tiefen Verbeugung in das Räuchergefäss gesteckt hatte.

Unser Lehrer stand vor den geschnitzten Figuren der beiden Lehrer und blickte auf die schweigende Versammlung. Aus einer diskret platzierten Kollektion von Klangschalen, Mokugyos (hölzerne Schlaginstrumente in der Form eines Fischkopfs) und anderen für ein Zen-Kloster charakteristischen Instrumenten, war soeben der «Weckruf» des Inkin (metallene Handglocke) erklungen, die von einem der älteren Mönche drei Mal angeschlagen worden war. Der helle Klang hatte unsere Schläfrigkeit unverzüglich aus unserem Kopf vertrieben und schon beim ersten Schlag waren wir unisono aufgestanden. Mit dem Sutra-Rezitations-Buch in der Hand warteten wir auf den Beginn des ersten Sprechgesangs.

Der Lehrer begann mit den Worten: *«Mahā Prajñāpāramitā Herz-Sutra.»* Mit vereinter Stimme setzen wir ein:

«Der Bodhisattva Avalokiteshvara, tief in Prajñāpāramitā versunken, sah deutlich, dass die Fünf Skandhas leer sind und überwand dadurch alle Unwissenheit.

O Shariputra, Form ist nichts anderes als Leere, Leere ist nichts anderes als Form. Form ist identisch mit Leere, Leere ist identisch mit Form. Dasselbe gilt für Sinnesempfindung, Wahrnehmung, Willenstendenzen und Bewusstsein ...»

Es war das erste Mal in meinem Leben, dass ich den melodiösen Sprechgesang des *Herz-Sutra* hörte. In der Tat erfuhr ich zum ersten Mal in meinem Leben, dass es etwas namens *Herz-Sutra* überhaupt gab. Den Klang der Worte zu hören und sie gleichzeitig selbst im Sutra-Buch zu lesen, war ein buchstäblich atemberaubendes Erlebnis. Es war, als ob mir jemand soeben die Schlüssel zum Universum ausgehändigt hätte.

Der gleichmässige Schlag des Mokugyo verlieh dem Sprechgesang seinen fortlaufenden Takt. Der scharfe Klang des Inkin akzentuierte die gesprochenen Verse:

«... O Shariputra, alle dharmas sind Formen der Leere; weder entstanden noch vergangen; weder unrein noch rein; weder zunehmend noch abnehmend.
In der Leere gibt es keine Form, keine Sinnesempfindung, keine Wahrnehmung, kein Wollen, kein Bewusstsein; weder Auge, Ohr, Nase, Zunge, Körper noch Geist; weder Farbe, Klang, Geruch, Geschmack, Hautempfindung noch Erscheinungen; weder einen Bereich der Sinne noch einen Bereich des Bewusstseins; weder Unwissenheit noch ein Ende der Unwissenheit; weder Alter und Tod noch ein Ende von Alter und Tod; kein Leiden, keine Ursache des Leidens, kein Auslöschen des Leidens, keinen Weg zum Auslöschen des Leidens, keine Weisheit und kein Erlangen.
Da es nicht zu erlangen gibt, weilen die Bodhisattvas in Prajñāpāramitā, ohne Hindernisse im Geist. Frei von geistigen Hindernissen bedeutet frei von Angst; alle verblendeten Gedanken sind überwunden. Das ist Nirvāna.

Alle Buddhas der Vergangenheit, Gegenwart und Zukunft leben Prajñāpāramitā und verwirklichen dadurch vollkommene vollständige Erleuchtung.»

Ich hatte keine Ahnung, was Worte wie «dharmas», «Prajñāpāramitā», «vollkommene vollständige Erleuchtung» bedeuten. Es spielte keine Rolle. Mir schien, dass das Wesen der Gedanken, die dargelegten Ideen, viel mehr enthielten, als die Worte auszudrücken vermochten. Es war wie der Versuch, einen reissenden Strom in einem Wasserglas einzufangen. Die Ideen flossen um die Worte herum, durch die Worte hindurch, über die Worte hinaus und brachten ihre Bedeutung in wortfreien Bereichen zum Schwingen.

«Daher wisse, Prajñāpāramitā ist das grosse Mantra, das strahlende Mantra, das höchststehende Mantra, das Mantra ohne seinesgleichen; es beendet alles Leiden.
Dies ist die Wahrheit, ohne Trug. Deshalb sprich das Prajñāpāramitā-Mantra und sage:

Gate! Gate! Paragate! Parasamgate! Bodhi Svaha!
Das Herz-Sutra der grossen Weisheit.»

Seither sind mehr als fünfundzwanzig Jahre vergangen. Es hat sich nichts geändert, das *Herz-Sutra* ist für mich die Essenz von Buddhas Lehre. Es «sagt es, wie es ist».

Ich hoffe, dass dieser Versuch, eine weitere Form aus der Leere zu schaffen, auch für Sie, liebe Leser, einen Wert hat.

- Robert Wydler Haduch
  Zürich, Oktober 2016

> **Anmerkung**: Da und dort finden sich in den Kapiteln Textabschnitte, die sich vom übrigen Text abheben, wie der Abschnitt, den Sie gerade lesen. Diese Abschnitte können als «nebensächliche» Erläuterungen betrachtet werden. In der Regel dienen sie dazu, einen Sachverhalt zu erklären mit einem Beispiel, das nicht direkt mit dem Haupttext zu tun hat Man kann diese Abschnitte überspringen, wenn man will. Allerdings fügen sie der Erzählung meist etwas Farbe hinzu.

1

BODHISATTVA AVALOKITESHVARA

Avalokiteshvara sah durch die halbgeöffneten Augen, wie die Sonne am östlichen Himmel ihren Auftritt begann. In verschiedenen Orangetönen schimmernd, schien sie voller Leben, als sie sich langsam über den Horizont erhob. Es war ein phantastischer Anblick, und immer neu; Avalokiteshvara wurde es nie müde, daran teilzuhaben.

Er hatte, wie es seine Gewohnheit war, die ganze Nacht in Meditation gesessen. Am Abend hatte er zusammen mit einem Brudermönch namens Shariputra einen Flecken Wiese gefunden, ganz in der Nähe einiger blühenden Bäume. Der berauschende Blütenduft und der leicht stechende Geruch des trockenen Grases, das er für einen Sitz zum Schutz vor der kalten Feuchtigkeit der Erde gesammelt hatte, begleiteten ihn durch den ersten Teil der Nacht. Doch nicht lange. Schnell war er in einen tiefen Meditationszustand versunken; den abnehmenden Mond, der den wolkenlosen Himmel erhellte, bemerkte er nicht.

Demnächst würde die Sonne die Lichtung, in der er sass, erreichen und den schweren Tau, der alles, inklusive ihn selbst, im Laufe der Nacht überdeckt hatte, allmählich wegbrennen. Noch aber war es nicht so weit; er konnte noch eine Weile in der Feuchtigkeit sitzen bleiben und sich am Duft des Grases, der Blüten und der Erde um ihn herum erfreuen. Indem er die taufeuchten Lippen leckte, gelangte das Aroma der Blüten zu seinen Geschmacks-knospen. Duft und Geschmack waren untrennbar; eines war das andere. Er war dankbar für den Schutz seiner dicken Patchwork-Kutte. Sie hatte ihn warm und trocken gehalten durch die, für sein Gefühl, sehr kurze Nacht. Er lächelte in sich hinein und dankte dem Buddha für seine Lehre des «mittleren Weges».

> Der Buddha hatte oft zu seinen Anhängern gesagt: «Alles soll mit Mass geschehen. Folgt dem Pfad, der zwischen den Extremen von Selbstverhätschelung und Selbstkasteiung hindurchführt. Bleibt achtsam, es ist sehr leicht, von diesem Weg abzukommen.»

Der Bodhisattva wusste aus eigener Erfahrung, wie unangenehm es sein konnte, in einer kalten, feuchten Nacht ohne passende Kleidung zu sitzen, nur um das Bedürfnis nach Selbstkasteiung zu befriedigen.

Irgendetwas schien an diesem Morgen anders zu sein; obgleich er nicht mehr der Gewohnheit verfiel, zwischen «heute» und «gestern» zu unterscheiden – etwas war nicht mehr dasselbe. Dies war lediglich ein Gefühl, noch nicht voll ausgestaltet, nicht durch Vergleiche eingeschränkt. Es war, als ob etwas, das immer da war, nun noch mehr da war als zuvor. Es schien ruhiger, stiller zu sein als an anderen Morgen. Es musste sich um eine innere Stille handeln, denn rund um ihn herum war das Erwachen der Natur zu einem neuen Tag in vollem Gang. Die Falken «redeten» hin und her miteinander, während sie hoch über der Wiese ihre Kreise drehten auf der Suche nach ihrem Frühstück. Die Landlebewesen, nach denen sie suchten, konnten gehört werden, wenn sie im tiefen Grass in die Sicherheit ihrer Untergrundnester huschten. Zwei Melodien im Kontrapunkt, zusammen mit den Myriaden von anderen Kontrapunkten. Alle äusseren Zeichen zeugten von einem durchschnittlichen nordindischen Wintermorgen, überlegte er. Und doch ... nicht wie üblich, schien es ihm.

Er liess ab von dieser Beobachtung, im Wissen, dass, sollte die vergangene Nacht etwas Spezielles beinhalten, sich die Erkenntnis im Laufe des Tages entfalten würde. Es hatte keinen Zweck, ins Geschehen einzugreifen. «Halte dich da raus», sagte er zu sich selbst mit gespielter Strenge, während seine Aufmerksamkeit von einer kleinen Spinne absorbiert wurde, die, an einem einzelnen Seidenfaden baumelnd, von der Spitze eines nahen Grashalms herabsank. Die Spinne glitt sehr langsam in die Tiefe, wobei sie den Silberfaden unterwegs produzierte. Dann, ganz plötzlich, machte sie einen grossen Sprung von mindestens zwanzig Zentimetern und verschwand aus seinem Blickfeld. Der Silberfaden war noch da; er bewegte sich kaum in der wärmenden Morgenluft; aber die Spinne war verschwunden. Wie interessant!

Der Bodhisattva, schmunzelnd über die Belehrung, die ihm die kleine Spinne hatte zukommen lassen, beschloss, dass es Zeit war, den Tag zu beginnen und den Bedürfnissen des Körpers, inklusive eines knurrenden Magens, nachzukommen. Langsam löste er sich aus der Lotushaltung, die er nachtsüber innegehabt hatte, streckte die Beine und schlüpfte in die Sandalen, die ebenfalls von seiner orangefarbenen Kutte vom schweren Tau geschützt worden waren. Als er den Kopf nach links drehte, bemerkte er, dass Shariputra, der etwa fünf Meter von ihm entfernt sass, sich ebenfalls rührte. Sie nickten einander zu, was soviel bedeutete wie «Namaste, ich hoffe, du hattest eine gute Nacht; wir werden uns gleich zum Frühstück treffen.» Nach dieser Begrüssung erhob sich der Bodhisattva, zog seine dicke Kutte aus und schüttelte sie kräftig, um den restlichen Tau, Blütenstaub und alle kleinen Kreaturen, die sich des Nachts eventuell darin verkrochen hatten, zu entfernen. Er faltete das Gewand sorgfältig und legte es neben einem kleinen Vorrat an Lebensmitteln, die demnächst zu seinem Frühstück werden sollten. Danach begab er sich ins nahe Gebüsch mit einem gurgelnden Bach, um die Morgentoilette zu verrichten.

Wasser brachte ihn schon immer zum Staunen. Er sah etwas Magisches in ihm. Es scheint immer dort hinzugelangen, wo es hingelangen soll; egal, wie lange dies dauert, egal, wie viele Umwege es machen muss. Es scheint gleichzeitig unbeirrbar zielstrebig und doch äusserst flexibel. Es passt sich der Form des momentan gegebenen Ortes und den Umgebungsbedingungen an. Manchmal ist es unsichtbar, manchmal flüssig und manchmal fest, aber es ist immer Wasser. Es steht allen und jedem zur Verfügung und bleibt doch sich selbst. Avalokiteshvara schaute zu, wie ein Blatt von irgendwo nach irgendwo floss, vom murmelnden Bach ganz ungezwungen mitgetragen. Er sah, wie ein tiefhängender Zweig eines Busches den Wasserfluss hemmte, was einen kleinen Aufruhr bewirkte. Aber die Erregung dauerte nicht lange, schnell fand der Fluss zu seinem Lauf, zu sich selbst, zurück. Ein Stein, gross genug, um aus dem Wasser zu ragen, war kein Problem. Das Wasser floss mit einer ständig strömenden Umarmung um den Stein herum, nur das Plätschern und einige Blasen zeugten vom Zusammentreffen. Avalokiteshvara schöpfte etwas Wasser aus dem Bach, sorgfältig Blätter und andere Mitreisende meidend, und wusch sich das Gesicht damit. Das Sinnieren war vorbei. Er war wieder in diesem Augenblick — nass und frisch. Nun war es Zeit für das Frühstück.

2

Sharīputra

Für Shariputra war die nächtliche Meditation durch kleine Schlafperioden unterbrochen worden. Er war recht müde von seinen Reisen. In diesem Jahr war er nah und fern damit beschäftigt gewesen, das Dharma darzulegen für Laien und kleine Mönchsversammlungen. Und nun befand er sich, wie viele andere Mönche auch, auf dem Weg zu einem festgelegten Aufenthaltsort für die Dauer der Monsunzeit. Dort würde er den Buddha wiedersehen. Sie verbrachten die meiste Zeit des Jahres getrennt voneinander, und Shariputra vermisste ihn sehr.

Shariputra entsann sich, wie er, vor fast dreissig Jahren, zufällig einen von Buddhas ersten Schülern, den Ehrwürdigen Assaji, getroffen hatte. Damals hatte sich Shariputra vorgestellt und den Mönch gefragt, wer er sei. Assaji hatte erklärt, dass er ein Schüler von Shakyamuni Buddha sei. Auf die Frage Shariputras, was der Buddha lehre, hatte Assaji erwidert: «Der Buddha lehrt, dass alle Dinge in dieser Welt unbeständig sind. Alle Dinge in dieser Welt sind bedingt. Sie entstehen und vergehen in Übereinstimmung mit Ursachen und Wirkungen.» Dann hatte Assaji Shariputra von der ersten Lehrrede des Erleuchteten berichtet, bei der er, Assaji, und vier andere anwesend gewesen waren. Der Buddha hatte zu ihnen über *Die Vier Edlen Wahrheiten* und den *Edlen Achtfachen Pfad* gesprochen. Shariputra erinnerte sich, wie beglückt er bei beim Hören dieser Worte gewesen war. Er empfand sich unverzüglich in ein Gefühl von totalem, uneingeschränktem und bedingungslosem Verstehen eingehüllt. Er erinnerte sich, wie er gedacht hatte: «So muss es sich anfühlen, wenn ein Meister-Glöckner völlig hingegeben und vollkommen im Klang und der Schwingung einer riesigen, soeben angeschlagenen Glocke aufgeht.» Er erinnerte sich auch, wie sein enger Freund Mogallana zu Tränen gerührt war, als er hörte, was Assaji berichtete. «Ja, so hat alles begonnen», sagte er, kaum hörbar, zu sich selbst, als ihm wieder in den Sinn kam, wie er und Mogallana sich gleich am nächsten Tag aufgemacht hatten, um sich Buddhas wachsender Schar von Schülern im Venuvana Bambushain anzuschliessen.

Viel war geschehen seit jenem «Zufallstreffen» mit Assaji vor dreissig Jahren. In der Sangha des Buddha waren Shariputra und sein Freund Mogallana nun allgemein als Buddhas engste Schüler anerkannt. Tatsächlich hatte der Buddha selbst, beim Aufenthalt im Jeta-Garten in Savatthi, Shariputra als seinen «geistigen Sohn» bezeichnet.

«Ja, es war äusserst grossherzig vom Ehrwürdigen, mich seinen ‹geistigen Sohn› zu nennen», dachte Shariputra. «Aber der ‹geistige Sohn› des Meisters zu sein, macht die Aufgabe, das Dharma zu verwirklichen, nicht leichter», überlegte er. Wie der Buddha so oft gesagt hatte, *verstehen* ist etwas, das jeder für sich selbst erlangen muss. Und dieses *erlangen* kommt nicht zu Stande, bloss weil man der «geistige Sohn» von jemandem ist.

In der Nacht hatte Shariputra auch eine Weile über das neueste «Zufallstreffen» nachgedacht. Es hatte erst gestern stattgefunden, als er auf dem Gang durch das nahe Dorf von Tür zu Tür um eine Gabe für eine Mahlzeit gebeten hatte. Direkt vor ihm hatte er einen anderen Mönch im orangenen Gewand gesehen, der ebenfalls von Tür zu Tür ging mit der Bitte um eine Gabe für sein Essen. Die Körperhaltung des Mannes kam ihm bekannt vor; er holte ihn schnell ein und grüsste ihn. Der Gruss wurde erwidert und es stellte sich heraus, dass sich die Männer kannten, aber nie direkt miteinander gesprochen hatten. Sie schienen gut zusammenzupassen und beschlossen sogleich, den Bettelgang gemeinsam weiterzuführen und die erhaltenen Gaben zu teilen. So geschah es, dass die beiden zu einer Lichtung in einem kleinen Wald fanden. Dort fachten sie am Abend ein kleines Feuer an, bereiteten die geschenkten Speisen zu und wärmten sich selbst. Sie assen im Schweigen und genossen den mit Kardamom gewürzten Reis und das frische Wurzelgemüse. Nach dem Essen redeten sie eine Weile miteinander, nichts Tiefschürfendes, und zogen sich bald zu ihren «Sitzplätzen» zurück.

Shariputra wusste, dass der Mönch, mit dem er die Mahlzeit geteilt hatte, der Bodhisattva Avalokiteshvara war. Es war ihm auch bekannt, dass Avalokiteshvara einer der acht Bodhisattva-Schüler des Buddha war. Er war zugegen gewesen, als Avalokiteshvara Diskussionsgruppen über Buddhas Lehre angeführt hatte. Avalokiteshvara war in mancher Hinsicht Shakyamuni Buddhas «bester Mann».

Shariputra war auch die Bedeutung des Namens Avalokiteshvara bekannt als «Derjenige, der alles Leiden der Lebewesen sieht», wobei «Avalokita» im Sinne von «Einer, der hinunter schaut» übersetzt wird und «eshware», die grammatikalisch passende Form von «Ishvara», «Herr» oder «Meister» bedeutet. Avalokiteshvara verkörperte somit «Den Herrn, der das Leiden der empfindenden Wesen sieht» oder «Die Essenz des Mitgefühls».

Hat der Buddha dieses Zusammentreffen zwischen ihm und Avalokiteshvara arrangiert? Hatte der Buddha vielleicht Shariputras Leiden, seine verborgenen Zweifel und Unsicherheit gesehen? Wie oft wird einem eine «zufällige» Begegnung mit einem Bodhisattva zuteil? Und wie oft heisst dieser Bodhisattva Avalokiteshvara? Diese Fragen waren Shariputra während der Nacht mehrmals durch den

Kopf gegangen. Körperlich und mental erschöpft, beschloss er schliesslich, dass es für die Spekulationen, die durch seinen Kopf schwirrten, nur eine treffende Antwort gibt: «Scheinbar zufällig geschehende Dinge sollen dem zufälligen Geschehen überlassen werden.» Nach diesem Entschluss, nicht weiter über die Sache nachzudenken, wurde es ruhiger in seinem Gemüt. In einem Baum sang ein Nachtvogel. Shariputra lauschte der Melodie und diese führte ihn in die Stille.

> An dieser Stelle soll erwähnt werden, dass Shariputra natürlich sehr vertraut war mit den Konzepten, die mit dem Begriff «Bodhisattva» verbunden sind. Er wusste, dass ein Bodhisattva ein Mensch auf dem Weg zur Buddhaschaft ist. Er wusste, dass die *Vier Edlen Wahrheiten* und der *Edle Achtfache Pfad* den Weg zur Buddhaschaft definierten. Ebenso wusste er, dass der Weg zur Buddhaschaft kein Weg war. Er wusste dies alles, denn der Buddha hatte gesagt: «Shariputra, ich sehe, dass du eines Tages ein Buddha namens Pamaprabha sein wirst. Du wirst in diese Welt zurückkehren, um allen Lebewesen zu helfen, und wirst den höchsten Zustand der Buddhaschaft erlangen.» Shariputra war selbst ein Bodhisattva, aber er würde sich niemals ein Bodhisattva nennen. So ist das mit Bodhisattvas; sie hängen nicht besessen an Namen oder Titeln — bedeutungslosen Worten, die Leichtgläubige beeindrucken sollen. Es kommt darauf an, was man tut, und nicht, was man sagt — das ist eine alte Weisheit.

3

DIE ÄUSSERUNG

Während Shariputra Feuerholz sammelte zum Kochen des Frühstücks, war Avalokiteshvara mit der Vorbereitung der Speise selbst beschäftigt. Es sollte eine einfache Mahlzeit werden, bestehend aus Reis und gekochten Äpfeln. Die Äpfel erforderten etwas Sorgfalt, weil sie leicht beschädigt waren und von kleinen Kreaturen besetzt, die das Fruchtfleisch zum eigenen Frühstück zu essen wünschten. Sie waren jedoch süss und fest und der Mühe wert. Der Reis sollte langsam gekocht werden und kurz vor Ende würden die Äpfel beigefügt. Als letzte Zutat würde ein Schluck Kuhmilch die ganze Masse etwas cremiger machen. Alles in allem, ein nahrhaftes Frühstück für die zwei Wanderer, die schon bald wieder unterwegs sein würden.

Der Bodhisattva überwachte den kochenden Reis, derweil Shariputra, nach der Vorbereitung des Essplatzes, im Schatten eines Baumes seine üblichen Morgen-Asanas vollzog. Der Duft von kochendem Reis und Äpfeln weckte in beiden das Gefühl von Hunger. Dies war eine angenehme Empfindung, sie war begleitet von einer wohltuenden Vorfreude auf ein Frühstück, das sich als denkwürdig herausstellen sollte.

Keiner der Männer hatte viel gesprochen an diesem Morgen und so blieb es auch während des grössten Teils des Frühstücks. Zu essen und gleichzeitig zu reden schien unsinnig. Man kann keinem von beiden gerecht werden. Besser ist es zu schweigen und die Speise zu kosten anstatt sich selbst und den anderen mit Worten abzulenken. Das Frühstück kam zu seinem Ende und die beiden Männer erfreuten sich am Nachgeschmack, ähnlich einer Katze, die soeben zu fressen aufgehört hat und nun still dasitzt und in die Weite schaut. Die Mönche schauten nicht in die Weite, aber ihre Blicke waren, ähnlich fixiert, auf die rote Glut des Kochfeuers gerichtet. Dann, in diesem Augenblick scheinbar absoluter Stille, geschah es, dass sich der Bodhisattva Avalokiteshvara an Shariputra wandte und mit modulierter Stimme zu sprechen begann:

> *«O Shariputra, Form ist nichts anderes als Leere, Leere ist nichts anderes als Form. Form ist identisch mit Leere, Leere ist identisch mit Form. Dasselbe gilt für Sinnesempfindung, Wahrnehmung, Willenstendenzen und Bewusstsein.»*

Die Stille war fühlbar. Shariputra sagte nichts. Seine Augen, auf den Bodhisattva gerichtet, fragten: «Kommt noch mehr?»

> *«O Shariputra, alle dharmas sind Formen der Leere; weder entstanden noch vergangen; weder unrein noch rein; weder zunehmend noch abnehmend.*
> *In der Leere gibt es keine Form, keine Sinnesempfindung, keine Wahrnehmung, kein Wollen, kein Bewusstsein.»*

Der Bodhisattva schaute in Shariputras Augen und fand darin keinen Widerstand, kein Denken, keine Meinung, kein Überlegen. Also fuhr er fort:

> *«In der Leere gibt es weder Auge, Ohr, Nase, Zunge, Körper noch Geist; weder Farbe, Klang, Geruch, Geschmack, Hautempfindung noch Erscheinungen; weder einen Bereich der Sinne noch einen Bereich des Bewusstseins; weder Unwissenheit noch ein Ende der Unwissenheit; weder Alter und Tod noch ein Ende von Alter und Tod; kein Leiden, keine Ursache des Leidens,*

> *kein Auslöschen des Leidens, keinen Weg zum*
> *Auslöschen des Leidens, keine Weisheit und*
> *kein Erlangen.»*

Shariputra schwieg; er hatte nicht mit einem Muskel gezuckt während Avalokiteshvaras Äusserung. Kein einziger Gedanke, in welcher Form auch immer, existierte in seinem Geist, nichts bewegte sich und doch war alles im Fluss, nichts stand still. Der Bodhisattva, der Shariputras vollkommene Aufmerksamkeit spürte, fuhr fort:

> *«Da es nicht zu erlangen gibt, weilen die Bodhisattvas*
> *in Prajñāpāramitā, ohne Hindernis im Geist. Frei von*
> *geistigen Hindernissen bedeutet frei von Angst; alle*
> *verblendeten Gedanken sind überwunden.*
> *Das ist Nirvāna.*
> *Alle Buddhas der Vergangenheit, Gegenwart und*
> *Zukunft leben Prajñāpāramitā und verwirklichen*
> *dadurch vollkommene vollständige Erleuchtung.»*

Beide Männer schweigen. Beide blickten in das Feuer, das nun, auf die dunkelrote Glut reduziert, unter einer Decke aus feiner Asche glimmte.

Avalokiteshvara seinerseits war verblüfft, wie sich die Worte ganz von selbst zu Sätzen geformt und die Einsichten, die aus der nächtlichen tiefen Meditation resultierten, zum Ausdruck gebracht hatten. Er verspürte kein Gefühl geistiger Urheberschaft in Bezug auf die Worte, die er soeben gesprochen hatte. Diese hatten sich ohne sein bewusstes Dazutun ergeben. Er war das Vehikel für ihre Übermittlung, aber es waren nicht «seine» Worte. Es war, als ob ein Meisterpuppenspieler, ein «Sutradhar» («einer, der die Schnüre hält») durch ihn gesprochen hätte. Doch er unterband diese Analyse – unverzüglich. Er wusste, schon im nächsten Augenblick könnte er gefangen sein; versucht, sich selbst zu erklären, was geschehen war. Die Analyse war der sicherste Weg, die Einsichten zu ruinieren. Einsichten, die ohnehin bereits verwässert waren durch die Worte, die er gesagt hatte. Er distanzierte sich also vom zunehmenden Geschwätz in seinem Kopf und schaute tiefer in das sterbende Feuer.

Shariputra war noch immer in einem «keine-Worte-kein-Gedanke-Zustand». Er versuchte nicht, das, was er eben gehört hatte, einzufangen oder zu memorieren oder zu katalogisieren oder zu vergleichen. Er zog keinerlei Schlüsse, bildete keine Meinungen. Er sass einfach da und starrte in die glimmende Asche. Ihm war, als ob er von einer riesigen Woge überrollt worden wäre; er fühlte sich noch immer davon umschlungen – ohne Widerstand zu leisten. Natürlich kam ihm dieser Gedanke erst im Nachhinein. Zunächst war alles einfach still.

Vielleicht war es das Lied des Kutschers oder das Geräusch des Ochsengespanns, das auf dem Feldweg vorbeirumpelte auf dem Weg nach irgendwo, was die tiefe Stille, die beide Männer umgab, schliesslich beendete. Sie blickten dem Ochsengespann nach und dann schauten sie sich gegenseitig an und beugten ihr Haupt simultan. Es war vorbei. Beide standen auf und streckten sich.

Shariputra machte sich daran, den Essplatz aufzuräumen. Er trug das Geschirr zum Bach, spülte alles sauber aus und legte es an die Sonne zum Trocknen. Vor ihrem Aufbruch würde er die Utensilien zusammenpacken und in einem nahen hohlen Baumstamm sicher verstauen, so dass andere Wanderer sie bei ihrer Rast benutzen konnten.

Indessen löschte der Bodhisattva die restliche Glut mit einem grosszügigen Guss Wasser; er tat dies mit derselben Entschlossenheit, mit der er zuvor seine Spekulationen ausgelöscht hatte, die drohten, die Erkenntnisse der Nacht zu verwässern. «Ja, ein offenes Feuer und Spekulationen haben viel gemeinsam,» sinnierte er, «man sollte keines von beidem unbewacht lassen.» Dann ermahnte er sich selbst, dass da noch etwas war, das er Shariputra mitteilen musste, obgleich er vermutete, dass Shariputra dies bereits wusste.

4

WORTE SIND ERSATZMITTEL

Unsere Geschichte vom Zusammentreffen von Shariputra und dem Bodhisattva Avalokiteshvara endet hier. Trug es sich so zu? Könnte es sich so zugetragen haben? Gab es eine Konversation zwischen den zwei Mönchen, die danach niedergeschrieben wurde, entweder von einem der beiden oder von einer Drittperson, und die dann den Tiel *Das Herz-Sutra* bekam? Könnte die Konversation im geistigen Bereich stattgefunden haben und nicht auf dieser materiellen Welt? Diente die Konversation als ein geeignetes literarisches Mittel, mit dem Zweck, die Worte des Bodhisattva zu untermauern? Jede Erklärung, die man zur Beantwortung dieser Fragen vorschlagen wollte, wäre voller Spekulationen.

Was man weiss, ist, dass niemand ganz sicher weiss, wie oder wann oder durch wen das *Herz-Sutra* entstanden ist. Aber es ist hier und man kann damit machen, was man wünscht. Man kann es auf Sanskrit, Chinesisch, Japanisch, Englisch oder in einer Menge anderer Sprache rezitieren. Man kann seine Worte für wahr halten oder nicht. Man kann über die Bedeutung der Sätze spekulieren. Man kann seinen ganzen Verstand einsetzen, um das intellektuelle Verstehen derselben zu vergrössern. Man kann darüber Bücher schreiben. All dies kann man tun. Aber irgendeinmal muss man damit aufhören, wenn einem daran liegt, zur Essenz des *Herz-Sutra* vorzudringen.

Ich denke, das war es, was der Bodhisattva Avalokiteshvara Shariputra noch sagen wollte. Er hatte sich selbst ermahnt, nicht zu vergessen, Shariputra zu sagen, dass seine Worte lediglich eine Beschreibung eines Geisteszustandes waren. Ein Zustand, der gekennzeichnet ist durch:

> «*Form ist nichts anderes als Leere, Leere ist nichts anderes als Form. Form ist identisch mit Leere, Leere ist identisch mit Form. Dasselbe gilt für Sinnesempfindung, Wahrnehmung, Willenstendenzen und Bewusstsein.*»

Der Bodhisattva hatte *Worte* gebraucht, um einen *wortlosen* Zustand zu beschreiben. Worte sind ein Produkt unseres Denkens. Unser Denken ist ein Produkt unserer Erinnerungen. Und die Erinnerungen sind Aufzeichnungen der Vergangenheit. Sämtliche Gedächtnisinhalte sind im Grunde Geschichte, «Nachrichten von gestern».

Wir alle kennen Momente aus unserem Leben, in denen wir versuchten, uns oder anderen gewisse Geschehnisse mit Worten zu vermitteln und feststellen mussten, dass dies unmöglich war.

> Du bist zum ersten Mal in deinem Leben verliebt. Bitte, beschreibe diese Erfahrung in fünfzig oder weniger Worten. Ausser den Artikeln, Konjunktionen und Präpositionen **wiederhole kein einziges** Wort in der Beschreibung deiner Erfahrung. Dann lies, was du geschrieben hast. Bist du wahrhaftig überzeugt davon, dass du die Erfahrung vollständig wiedergegeben hast?

Vielleicht hätte Avalokiteshvara in etwa gesagt: «O Shariputra, was ich dir gesagt habe, ist bloss eine Beschreibung meiner Erfahrung. Diese verbale Beschreibung birgt viele Gefahren in sich, aus verschiedenen Gründen. Zum Beispiel habe ich Worte benutzt, die mir vertraut sind. Dir hingegen mögen diese Worte nicht vertraut sein, und selbst, wenn sie es sind, du interpretierst /definierst sie vielleicht anders als ich. Auch könnte es sein, dass du nicht alles gehört hast, was ich sagte, weil dir andere Gedanken durch den Kopf gingen. Wir könnten noch viele weitere Fallgruben aufzählen, aber ich denke, wir beide wissen: Würdest du einfach annehmen und glauben, was ich gesagt habe, ohne es selber zu prüfen und dir zu beweisen, dann würdest du das, was ich gesagt habe, nicht verstanden haben.»

> Du sitzt an einem Tisch in einem Restaurant. Der Kellner bringt die Speisekarte. Du hast grossen Hunger. Du studierst das Angebot an Speisen. Einige erkennst du auf Grund früherer Ess-Erfahrungen. Du verschlingst die Worte und geniesst das Vergnügen, das die Bezeichnungen versprechen. Bei anderen bittest du vielleicht den Kellner, zu erklären, wie sie schmecken. Nach einer gewissen Zeit legst du die Karte weg, nimmst die Serviette und wischst dir den Mund damit, machst einen intellektuell befriedigenden Rülpser, stehst auf und verlässt das Restaurant, ohne ein Trinkgeld zu hinterlassen. Jetzt hattest du eine intellektuelle Erfahrung eines Mittagessens. Bist du satt? Frag deinen Magen!

5

PRAJÑĀPĀRAMITĀ

«Der Bodhisattva Avalokiteshvara, tief in Prajñāpāramitā versunken...»

Die ersten Zeilen des *Herz-Sutra* sagen, dass sich der Bodhisattva in tiefer Meditation befand. Wir können sicher davon ausgehen, dass er in einer angenehmen Haltung an einem stillen Ort sass; mit aufrechtem Körper und locker; regelmässig atmend, nicht forciert; mit leicht geöffneten Augen, auf nichts blickend; die Hände in einer Mudra vereint; ganz wach; nichts tuend. Vielleicht hatte er anfangs seine Aufmerksamkeit, sanft, auf den Atem gerichtet, was das Eliminieren der Gedanken unterstützt, weil man nicht auf diese achtet. Vielleicht hatte er seine Aufmerksamkeit, sanft, auf das gerichtet, was durch sein Gemüt zog – mit passivem Gewahrsein. Passiv heisst hier, ohne mentale Reaktion auf das, was innerlich vorging. Er zog keine Schlüsse, bildete keine Meinungen, fabrizierte keine Geschichten, machte sich keine Sorgen und streichelte sein Ego nicht, was alles die Gedankenkette verlängert hätte. Weil er keine Gedanken über die Sinneseindrücke produzierte, hatten diese keinen Einfluss auf sein Wesen. Und so fielen alle Gedanken von ihm ab. Er war einfach «in den Fluss eingetreten», wie das die Alten nannten.

Avalokiteshvara verwirklichte den Zustand, der im *Herz-Sutra Prajñāpāramitā* genannt wird, was gewöhnlich als «Vervollkommnung der transzendenten Weisheit» übersetzt wird. Mit anderen Worten: «vollkommene Weisheit», ist ein Zustand jenseits der Schranken von sämtlichen Erfahrungsbereichen und allem Wissen.

Wann ist man «jenseits der Schranken von sämtlichen Erfahrungsbereichen»?

Wann ist man jenseits «der Schranken von allem Wissen»? Was ist *Erfahrung*? Was ist *Wissen*?

Hier sind einige bekannte Synonyme für das Wort *Erfahrung*: Bildung, Erkenntnis, Ereignis, Beobachtung, Erinnerung, Geschick. Man darf wohl ohne Zögern sagen, dass diese Worte etwas mit dem Denken zu tun haben.

Hier sind einige bekannte Synonyme für das Wort *Wissen*: Gewahrsein, Kenntnis, Bewusstsein, Einsicht, Voraussicht, Klugheit. Man darf wohl ohne Zögern sagen, dass auch diese Worte etwas mit dem Denken zu tun haben.

Wenn der Bodhisattva «jenseits der Schranken von sämtlichen Erfahrungsbereichen und allem Wissen» war, heisst das, dass er in einem Zustand war, in dem es kein Denken und dementsprechend keine Worte gibt. Kann man etwas, das sich nicht in den Grenzen von Denken und Worten befindet, anderen irgendwie mitteilen? Welch Dilemma, einen Zustand, der ausserhalb des Sagbaren ist, mit dem Mittel des Sprache beschreiben zu wollen – ein Ding der Unmöglichkeit! Die *Vollkommene transzendente Weisheit* – nicht mehr Erfahrung, nicht mehr Wissen, über Wort und Gedanke hinausgehend –, das ist nichts, was man aussprechen kann. Es muss aus sich selbst heraus wirken. Wir mögen es *Prajñāpāramitā* nennen, aber das ist nicht die Sache selbst. Das Wort Katze ist keine Katze und das Wort *Prajñāpāramitā* ist nicht *Prajñāpāramitā*. Kann man den Zustand «jenseits der Schranken von sämtlichen Erfahrungsungsbereichen und allem Wissen» verwirklichen?

6

KANN MAN WEISHEIT VERWIRKLICHEN?

Du sitzt ist einer Bahn und schaust aus dem Fenster. Die Landschaft zieht in einem stetigen Fluss vorbei. Du bist der vorbeifliessenden Landschaft gewahr, aber du machst dir keinerlei Gedanken darüber noch denkst über etwas anderes nach. Du benennst nichts und machst keine Story in deinem Kopf: «Oh, schau die schwarze Katze auf dem Feld. Ob sie wohl am Jagen ist? Wartet sie auf einen Freund? Macht sie dieses? Macht sie das?» Nichts dergleichen. Keine Mutmassungen, keine Namensgebungen. Die Katze war da und jetzt ist sie nicht mehr da. Ob es überhaupt eine Katze war?

Es beginnt in diesem Augenblick und endet in diesem Augenblick. Es bedarf keiner mentalen Bekräftigung. Es ist ein passives Gewahrsein — ohne Überbleibsel; ohne den Staub der Erinnerungen; ohne Ursache und Wirkung; ohne Karma-Bildung; ohne Karma-Verstärkung.

Man kann dies selbst ausprobieren. Dann kann man selbst erleben, sehen, wie der Geist äusserst still wird, wenn man nicht auf die Sinneseindrücke reagiert, die von aussen hereinströmen. Man weiss ganz natürlich, dass man nicht in einem Hypnosezustand ist. Man kann leicht aus diesem Zustand heraustreten, indem man einen Gedanken fasst, ein Objekt identifiziert oder in sonst einer Art und Weise auf einen Eindruck antwortet — wie z.B.: «Fahrkarten bitte.» Man kann aber auch wieder in diese Passivität zurückkehren. Zu Beginn mag dies etwas schwierig sein, aber wenn man das Geschehen um einen herum mehr und mehr passiv wahrnimmt — ohne darauf zu reagieren — dann geschieht es fast automatisch. Und überhaupt, braucht denn jeder vorübergehende Anblick, jedes Geräusch, jeder Geruch umgehend unsere Aufmerksamkeit oder Meinung oder Kommentar oder unser 👎👍?

Wir dürfen davon ausgehen, dass uns allen die Fähigkeit zum Erfahren von «*Form ist nichts anderes als Leere, Leere ist nichts anderes als Form.*» von Natur aus gegeben ist. Wir müssen aber auch damit rechnen, dass diese Erfahrung nicht unmittelbar eintritt. Wie jemand so treffend sagte: «Eine Reise von tausend Meilen beginnt mit einem einzelnen Schritt.» Und wie bei allen Reisen, die man unternimmt, ist ein gutes Mass an Versuch und Irrtum, Geduld, Mut und gesundem Menschenverstand erforderlich. Es ist nichts Magisches. Es bedarf keines Gurus. Auch ist es keine Team-Arbeit. Es ist etwas, das man ganz alleine vollziehen muss.

Wo fängt man an? Man beginn genau da, wo man in diesem gegebenen Augenblick ist. Wie fängt man an? Man beginn damit, auf das zu achten, was man in diesem gegebenen Augenblick tut. Man muss mit beiden Füssen in den Fluss springen. Die Einstellung: «Ich beginne später; jetzt habe ich zu viel zu tun» führt zu nichts. Man weiss das. Diese Ausrede, oder eine ähnliche, hat man schon oft benutzt und ist jetzt genau da, wo man damals war – nirgends, absolut nirgends. Warum quält man sich mit diesen Versprechen, die man niemals zu erfüllen scheint? Wen will man damit besänftigen? Weshalb?

> Worauf achtest du in diesem Augenblick? Wie stark bist du in die Lektüre dieses Texts involviert? Was geht dir gerade jetzt durch den Kopf? Weisst du das? Machst du dir über etwas Sorgen? Machst du irgendwelche Pläne? Gibt es etwas oder jemanden, den du in diesem Augenblick hasst, oder ärgert dich etwas? Was denkst du über dieses Buch? Was tust du ausser lesen? Hörst du Musik? Redest du mit jemandem? Schreichelst du deine Katze? Schreibst du einem deiner 2000+ Freunden in den Sozialmedien?

Wir führen ein Leben so voller Zerstreuungen, dass wir gar nicht wahrnehmen, wie absolut zerstreut wir sind. Wir meinen, dies sei der Lauf der Welt. Wir beobachten unsere Kollegen und Kolleginnen und stellen fest, dass sie genau so schnell rennen wie wir. Unsere Kameraden betrachten uns und fürchten, wir könnten schneller rennen als sie.

Wir strudeln in diesem Wirbelwind, dieser sich ewig bewegenden Maschine, angetrieben durch wohlfeile Floskeln wie: «Zeit ist Geld», «Gier ist gut», «Du bist entweder mit uns oder gegen uns». Wir gleichen einem 10'000-Stück Puzzle, das noch in der Schachtel ist, fragmentiert, unverbunden und durcheinander. Unser Gemüt reagiert auf jeden Reiz, der Erfolg und Befriedigung verspricht. Wir sind so beschäftigt mit all dem, was uns umgibt, ob wirklich oder unwirklich, dass wir völlig vergessen haben, wie es ist, still zu sein. Waren wir je still?

Wäre es nicht an der Zeit, die Puzzle-Schachtel zu öffnen und hineinzuspähen? Wäre es nicht an der Zeit, zu schauen, wer man wirklich ist?

7

DIE PUZZLE-SCHACHTEL ÖFFNEN

Das Öffnen der Puzzle-Schachtel sollte an einem Ort geschehen, an dem man sich geschützt fühlt vor der Flut an Einflüssen, die tagtäglich auf einen einströmen. Finde einen ruhigen Platz, abseits von Menschen und Klimbim. Sage deiner «besseren Hälfte», dass du sitzen wirst, still für dich allein. Setze dich in einen Stuhl oder auf den Boden. Finde eine angenehme Position. Es gibt keine Regeln oder Methoden, aber es gibt einige Hinweise, die zu beachten sich lohnt.

Man sollte sich bewusst sein, dass man durch das Unterfangen «in Stille zu sitzen», gewissermassen vom täglichen Karussell abgesprungen ist. Jedermann hat seine eigene Version dieses Karussells. Wir nennen es «mein Leben». Der Absprung mag sehr beängstigend scheinen für Leute, die sich selbst über die Meinungen anderer Leute definieren oder über Besitztümer oder über Titel und Karrieren etc. Wir alle kennen Menschen, die ganz davon besessen sind, jemand oder etwas «zu werden». Das Einzige, was sie dabei werden, ist konfus, aber dies entzieht sich ihrem Gewahrsein. Eine traurige Angelegenheit, tatsächlich, aber sie ist ganz normal in unserer monokulturellen Gesellschaft. Wie J. Krishnamurti einst sagte: *«Es ist kein Zeichen von Gesundheit, wenn man in einer zutiefst kranken Gesellschaft gut angepasst ist.»* Und doch ist es das, womit wir die meiste Kraft unseres Lebens aufwenden – uns nach einer Gesellschaft auszurichten, die zutiefst krank ist.

Man soll aber auch wissen, dass es viele Menschen gibt, die ihr ausser Kontrolle geratenes Karussell und die Illusion, «etwas zu erreichen» oder «jemand oder etwas zu sein», aufgegeben haben. Das ist machbar, aber es erfordert eine Geistesruhe, die niemand hat, der auf einem der Karussell-Pferde reitet.

Ein wahrhaft stiller Geist ist ein sehr seltenes Gut. Man entdeckt dies sehr schnell, wenn man mit sogenannter «Meditation» anfängt. Ein lärmiger Geist und ein zappliger Körper sind das Normale, damit sind alle konfrontiert, wenn sie mit dem Versuch beginnen «in Stille zu sitzen». Dies ist kein Grund, das Sitzen-in-Stille oder das Meditieren aufzugeben; es ist ein Grund, sich dem, was man angefangen hat, immer wieder neu zu widmen.

In der alltäglichen Interaktion mit dieser Welt ist unser Geist ununterbrochen damit beschäftigt, mit Situationen, ob tatsächlichen oder eingebildeten, zurechtzukommen. Im Laufe eines typischen Tages ist der Geist in zahllose wirkliche oder eingebildete Probleme involviert. Man kann dies bei sich selbst feststellen, man braucht bloss zu schauen, was man im Laufe des Tages alles tut, sagt oder denkt. Der Geist ist *busy, busy, busy*, und der grösste Teil dieser Geschäftigkeit hat mit der Pflege des eigenen «Ichs» zu tun. Diese Tatsache zu beobachten ist nicht schwer, aber ob man sie als Tatsache akzeptiert, ist eine andere Sache. Man befindet sich sozusagen im permanenten «Selfie-Modus», knipst unablässig Bilder von sich selbst und «photoshopt» das Resultat ständig, damit es dem mentalen Bild vom heutigen «Ideal-Ich» entspricht oder es gar übertrifft.

Diese Selbstspiegelung aufrechtzuerhalten erfordert viel Zeit und Energie. Aber nicht nur die eigene Energie, sondern auch die Energie von allen anderen Menschen, mit denen wir zu tun haben. Wir alle kennen Leute, die ständig im Mittelpunkt stehen wollen. Und wir wissen, dass diese «anspruchsvollen» Individuen einem das Leben recht schwer machen können. Zum Glück gehören wir selbst nicht zu dieser Kategorie...

> Du schlenderst durch ein Einkaufszentrum oder eine Strasse mit grossen Schaufenstern. Zähle, wie oft du einen Seitenblick auf die spiegelnde Fläche eines der Schaufenster wirfst, um dich selbst zu sehen. Zähle, wie oft du direkt ins Fenster schaust, nicht um die Auslage zu betrachten, sondern das eigene Spiegelbild. Dann achte darauf, was dir durch den Kopf geht, wenn du dich selbst siehst. «Oh, ich muss abnehmen. Oh, meine Haare sind schlimm. Oh dieses, oh jenes.» Unglaublich, nicht wahr? Und dann, nur zum Spass, zähle, wie oft du andere Fussgänger siehst, die einen Seitenblick auf die spiegelnde Fläche eines Schaufensters werfen. Was sagen sie wohl zu sich selbst?

Wer das «stille Sitzen» auszuprobieren beginn, stellt vermutlich als Erstes fest, dass der Körper gar nicht «weiss», wie «still sitzen» geht. Indem man dem Körper regelmässig mit wacher Aufmerksamkeit zuschaut, wie er «sitzt», ihn sozusagen mental abtastet, verlieren sich Verspannungen und Zuckungen mit der Zeit. Man stellt vielleicht fest, dass man sich über die Jahre einige Gewohnheiten zugelegt hat, die einem jetzt peinlich sind. Deshalb ist es wichtig, die mentale Untersuchung ohne Anschuldigung oder Kritik vorzunehmen. Niemand ist falsch. Wenn jemand es wäre, wer würde das sein? Ein regelmässiger, rhythmischer Atem trägt erstaunlich viel zur Beruhigung von Körper und Geist bei und hat keinerlei negative Nachwirkungen.

Wenn die Sitzhaltung, die man zuerst eingenommen hat, schmerzhaft wird, verändert man sie. Wenn der Atem stockt oder flach oder sonstwie beschwerlich wird, ändert man ihn. Man ist gewahr, was im Körper und im Geist vor sich geht. Früher oder später, vorausgesetzt man übt konsequent, wird man eine komfortable Sitzhaltung finden, sei es mit gekreuzten Beinen auf einem Kissen auf dem Boden, sei es auf einer Meditationsbank oder auf einem Stuhl. Es ist nicht wichtig, ob man im Voll-Lotus oder Halb-Lotus sitzt. Es ist keine Gymnastikübung. Vergesst ausgeklügelte Mudras. Lasst die Hände natürlich im Schoss zusammenkommen. Kümmert euch nicht um Mantras und Anrufungen. Es geht darum, den Geist zur Ruhe zu bringen und nicht, ihn mit ablenkenden Inhalten zu füllen. Es ist entscheidend, weder den Atem noch den Körper zu bekämpfen. Man lasse den gesunden Menschenverstand walten. Eine entspannte Sitzhaltung fördert den ruhigen Geist. Ein ruhiger Geist fördert die entspannte Sitzhaltung.

Wenn der Körper zur Ruhe kommt, schwächt sich das Bewusstsein davon mehr und mehr ab, denn der Körper sendet keine unangenehmen Signale mehr ins Gehirn. In unserer Wahrnehmung werden die körperlichen, inneren Signale nun durch äussere Signale ersetzt. Die Signale der Aussenwelt waren schon immer da, aber die von innen kommenden Körperreize hatten vorher eine grössere Priorität in der Wahrnehmung. Nun dominieren die äusseren Signale das Bewusstsein. Jedes Geräusch, jeder Geruch, jede Schwingung, jede Form und Farbe erscheinen jetzt verstärkt. Töne, die wir im gewöhnlichen Chaos des Tages niemals bemerkten, gelangen nun wie durch eine «Boombox» ins Gehirn. Man versucht, alle diese Geräusche zu erkennen, zu identifizieren. Man versucht, sie auszuschalten. Denn wenn man sie nicht ausschalten würde, wie könnte man dann in Stille sitzen? Die Augen, intensiv auf den Teppichboden schauend, erspähen jeden Faden im Teppich, jeden Schmutz und jedes Stäubchen, das dem Staubsauger entgangen ist. Soll man die Strähnen im Teppich zählen oder die Staubkörnchen darauf? Das Denken ist ganz auf die Sinne gerichtet. Man ist in der Sinneswelt gefangen. Man jongliert mit Impulsen aus sechs verschiedenen Quellen, gleichzeitig oder der Reihe nach oder ... ist man im Begriff, verrückt zu werden?

Nein, man wird nicht verrückt. Man entdeckt den eigenen Geist. Man sieht, vielleicht zum ersten Mal im Leben, die eigene gewöhnliche und alltägliche Geistesverfassung. Alle Sinne schicken ihre Impulse ans Gehirn, so wie sie es immer tun. Dies hat sich nicht geändert. Was sich geändert hat, ist das zunehmende Bewusstsein dieser Impulse, weil man weniger mit dem materiellen Körper befasst ist, der jetzt in sich selbst ruht.

Nun stellt sich die Frage: «Sind es die von den Sinnen ausgehenden Schwingungen, welche die Stille fernhalten, oder sind es meine Gedanken über die Schwingungen? Wird die Stille durch das Lichtmuster in den Augen verhindert oder durch die Gedanken über das Lichtmuster?» Wenn man sich solche Fragen zu stellen beginnt, beginnt man zu entdecken, welches Kopfspiel man mit sich selbst spielt – ununterbrochen. Wir erzeugen unseren eigenen Lärm – die ganze Zeit. Wir geben diesem Lärm einen Namen – «denken».

Weshalb scheint es uns wichtig, sich mit den Geräuschen, die an unsere Ohren dringen, zu identifizieren? Warum ist es wichtig, alle Schwingungen zu kategorisieren und zu benennen? Das Geräusch des anfahrenden Güterzugs birgt keine Gefahr, es sei denn, man sitzt auf den Schienen. Ist es nötig, das Geräusch für eine mentale Konversation zu benutzen, wenn man nicht auf den Schienen sitzt? «Oh, dieser Zug ist so laut. Oh, mir gefällt das ‹Klick-Klack› der Räder.» Wer oder was hat einen Nutzen von diesem Gedankenspiel? Weshalb ist es wichtig, zu bemerken, dass die Person, die den Staubwischer oder Staubsauger zuletzt benutzt hat, keine gute Arbeit leistete? Weshalb? Warum belästigt man sich mit diesen Gedanken und Spekulationen? Warum führen wir diese sinnlosen Monologe mit uns selbst – ohne Unterlass?

Wenn man einmal begriffen hat, dass die Sinne nicht der Ursprung des mentalen Lärms sind, sondern nur der Ursprung der Signale, dann wird das Innenleben automatisch stiller. Man muss nicht mehr versuchen oder hat es nicht mehr nötig, die Sinnesimpulse bewusst auszublenden; das ist ohnehin keine erfolgreiche Strategie, weil sie das Denken involviert. Denken schafft Lärm. Wenn man auf die Signale der Sinne nicht mit Gedanken antwortet, fallen Bilder, Geräusche, Gerüche usw. weg. Sie scheinen zu verschwinden, weil keine Gedanken mehr damit verbunden sind. Heisst das, dass man sich in einer bewusstlosen Trance befindet? Heisst das, man würde nicht reagieren, falls die flackernde Kerzenflamme auf dem Tisch aus irgendeinem Grund den Vorhang zum Brennen brächte? Nein, zu beiden Fragen. Man schläft nicht, wenn die Gedanken den Geist verlassen. Man ist wacher als je zuvor. Man «sieht» dies allerdings erst im Nachhinein und nicht solange der «gedankenlose» Zustand anhält. Was man dann «sieht», ist ein ganz und gar erfrischter Geist. Wenn diese Erfahrung eintritt, gibt es keinen Zweifel. Man soll nicht danach suchen; denn man sucht mit Gedanken. Das ist nutzlos. Es wurde ja bereits schlüssig gezeigt, dass das Denken das Problem ist und nicht die Lösung. Sei einfach präsent da wo du bist, wenn du dort bist.

Jeder Buddha, jeder Bodhisattva, hat irgendeinmal die Mühen und Nöte durchlebt, die man jetzt erfährt. Es geht darum, ganz ehrlich mit sich selbst zu sein und nicht nachzulassen, egal, wie viele Leben es dauern mag. Gibt es überhaupt etwas Besseres von bleibendem Wert, was man in diesem Leben tun könnte?

8

GUTE NACHRICHTEN

*«Der Bodhisattva Avalokiteshvara, tief in
Prajñāpāramitā versunken, sah deutlich, dass
die Fünf Skandhas leer sind und überwand
dadurch alle Unwissenheit.»*

Der Bodhisattva Avalokiteshvara, tief in *Prajñāpāramitā* versunken, völlig wach, nicht in Trance, nicht träumend, ausser Reichweite des Denkens, erfuhr den fundamentalen Meditationszustand, in dem Form, Sinnesempfindungen, Wahrnehmungen, Willenstendenzen und Bewusstsein als grundsätzlich substanzlos erkannt werden. Er *«sah deutlich, dass die Fünf Skandhas leer sind.»*

Sehen bedeutet hier verstehendes Gewahrsein. Die Aussage *«Er sah deutlich, dass die Fünf Skandhas leer sind»*, verneint nicht die Existenz der *Fünf Skandhas*. Sie besagt, dass die *Fünf Skandhas* nur existieren, weil etwas anderes existiert. Sie haben keine eigene Substanz, genau so, wie «leere Versprechungen» und «leere Worte» leer sind.

Dieses authentische, wahrhaftige Verstehen, diese Erfahrung der Erkenntnis, wurde zum Text namens *Herz-Sutra* kondensiert.

Wir alle kennen solche flüchtigen Erlebnisse, wenn wir einigermassen bewusst sind. In einem seltenen Augenblick, sieht man etwas als das, was es ist. Dieses «Sehen» ist ohne Zweifel, ohne Meinungsbildung und ohne Abwägen. Es ist ein Gefühl, ein tiefes, scheinbar bodenloses Gefühl, ein «Bauchgefühl», wenn man so will. Meistens verpfuscht man diese Erlebnisse, weil man sie zu analysieren versucht und damit «zu Tode denkt». Oder man verliert sie, weil man damit beschäftigt ist, sich selbst zu applaudieren für die Klugheit, etwas gesehen zu haben, wie es wirklich war. Der Fehler liegt darin, dass man eine Erfahrung nimmt und in eine Denkform presst. Damit wird sie in ein persönliches Bild, in die eigene Befangenheit mit ihren Interpretationen gekleidet. Damit ist es keine Einsicht mehr, nicht mehr original, nichts Neues mehr; dann ist es bloss noch von gestern, denn wir selbst sind, in einem gewissen Sinn, von gestern. Wir funktionieren alle in der Vergangenheit, denn wir verlassen uns auf das Denken und das Denken basiert auf dem Gedächtnis und das Gedächtnis auf der Vergangenheit.

Die Antwort auf eine Einsicht ist Handeln oder *Aktion*. Dieses Handeln ist spontan; es ist ich-los. Es ist nicht die Frucht des Denkens. Die Frucht von Denken und Überlegung ist Re-*Aktion*. Normalerweise sind wir re-*agierend*. Wir reagieren auf den gegebenen Augenblick mit Denken. Dementsprechend beruhen die Handlungen auf Überlegungen bzw. Gedanken. Deshalb spricht man von Re-*Aktion*. Dieser Prozess benötigt Zeit. Die Re-*Aktion*, ganz egal, wie schnell sie erfolgt, ist immer zu spät. Sie ist nicht spontan. Man benutzt Erinnerungen an vergangene Erfahrungen (in unterschiedlichen Variationen), um das augenblickliche Geschehen zu handhaben. Wie das englische Sprichwort sagt: «Wir sind immer einen Tag zu spät und haben einen Euro zu wenig». Nicht-Übereinstimmung mit dem gegebenen Augenblick ist der Grund für unsere Leiden und Kümmernisse. Man ist im Zustand von *Dukkha*.

> Unser normaler Umgang mit dem gegebenen Augenblick ist vergleichbar mit einem Film, bei dem der Ton nicht mit dem Bild übereinstimmt oder mit einem Tänzer, der sich nicht im Takt mit der Musik bewegt. Mühsam!

Indem der Bodhisattva die *Unwissenheit* überwand, überwand er endgültig Leid und Kummer. Als er verstand, dass die *Fünf Skandhas* leer sind, verstand er, dass Leid und Kummer leer sind. Er dachte nicht darüber nach; es war offensichtlich. Es lag offen zu Tage. Heisst das, dass es Leid und Kummer in diesem Leben nicht gibt? Nein! Es zeigt, dass man nicht richtig versteht, was und warum sie sind.

Die ersten Zeilen des *Herz-Sutra* sind eine unmissverständliche Bestätigung von Buddhas Kernlehre. Der Bodhisattva «*sah deutlich, dass die Fünf Skandhas leer sind.*» Wir als Menschen, als «noch-zu-erwachende-Bodhisattvas», sollten ebenfalls entdecken, dass die *Fünf Skandhas leer sind*. Was hält uns in der Dunkelheit fest? Was braucht es, bis wir selbst – deutlich – sehen, dass die *Fünf Skandhas* leer sind?

Bevor man die *Fünf Skandhas* als leer sehen kann, sollte man natürlich ein Verstehen davon haben, was diese Begriffe zu übermitteln versuchen. Um dies zu erlangen, müssen wir den Text des *Herz-Sutra* verlassen und uns mit den Lehren der *Vier Edlen Wahrheiten* und des *Edlen Achtfachen Pfades* befassen. Doch bevor wir dies tun, soll über Siddhārtha Gautama, den historischen Buddha gesprochen werden. Er war es, der die *Vier Edlen Wahrheiten* und den *Edlen Achtfachen Pfad* in Worte fasste, als die Frucht seiner Erleuchtung unter dem Bodhibaum.

9

DER BALD-WERDENDE BUDDHA

Siddhārtha badete nicht lange im Schwimmbecken. Er blieb nur lange genug, um sich vom Staub seines Morgenausflugs zu befreien. Er und Channa, sein Lieblingsdiener, waren zum vierten Mal in dieser Woche in die Stadt Kapilavastu und deren Umgebung gefahren, ohne das Wissen von König Suddhodhana, Siddhārthas Vater.

Es war dem Prinzen nicht erlaubt, sich ausserhalb der königlichen Gefilde zu begeben, ohne königliche Entourage, und nicht bevor die Strassen der Stadt von allen Zeichen menschlichen Elends und Kummers gesäubert worden waren. Wann immer der Prinz unterwegs war, sorgten die Diener des Königs dafür, dass er niemanden sehen konnte, der krank, alt, sterbend war oder bettelte. Dieses falsche Spiel hatte vor etwa neunundzwanzig Jahren angefangen, als der König, der keineswegs ein Tyrann war, vom Weisen Asitha und von seinen brahmanischen Beratern erfahren hatte, dass sein neugeborener Sohn ein Buddha werden könnte. Der König, zunächst hocherfreut über diese Nachricht, wurde zunehmend unglücklich darüber, weil er befürchtete, Siddhārtha könnte, falls er ein Buddha werden sollte, nicht als sein Nachkomme König des Shakya-Stamms werden. In den folgenden Jahren unternahm der König alles in seiner Macht stehende, um sicherzustellen, dass Siddhārtha sich am Besten von allem, und dies reichlich, erfreuen sollte. Der Prinz war in die Pflichten seines königlichen Status eingebunden. Er bewies sich den Stammesältesten gegenüber als äusserst intelligent und auch als ausgezeichneter Krieger. Er heiratete standesgemäss, und seine Frau, Yashodharā, gebar ihm einen Sohn, Rāhula.

Es war eine grosse Farce, und sie schien erfolgreich. Der Prinz war ein Gefangener, wenngleich ein williger, unwissender Gefangener im menschlichen Traum. Dieser war vermutlich nicht viel anders, als die Traumgebilde, in denen wir gefangen sind, allerdings auf einem viel weniger «königlichen» Niveau.

Der Traum begann auseinanderzufallen, als Siddhārtha neunundzwanzig Jahre alt war.

Nach dem Bad schlenderte Siddhārtha in den Garten. Die Blumen, sich in der Morgenbrise wiegend, färbten die Luft mit ihrem betörenden Duft. Die Singvögel vereinten ihre hellen Stimmen in einem mächtigen Chor, zu dem die Bienen den Bass beitrugen. Die plätschernden Brunnen sorgten für die Percussion. Leuchtende Farben überall, voller Leben, ineinanderfliessend. Licht und Schatten, Schatten und Licht tanzten mit den Farben. Es war ein berauschendes, exotisches Erlebnis für jemanden, dessen Sinne dafür vollkommen offen waren, und normalerweise waren Siddhārthas Sinne vollkommen offen. An diesem Morgen jedoch war alles ein wenig anders. Der Prinz war tief in Gedanken versunken. Er war zutiefst beunruhigt. Auf seinen Ausflügen mit Channa hatte er entdeckt, dass die Welt ausserhalb des königlichen Geländes nicht dieselbe war wie innerhalb. Er hatte Krankheit, Alter, Tod gesehen, aber auch einen Asketen, der durch die Strassen zog. Siddhārtha hatte das menschliche Dasein so gesehen, wie es wirklich ist. Er hatte Sorgen, Trauer, Schmerz und Leiden erkannt. Das waren Dinge, die, bis jetzt, in seinem Leben nicht vorgekommen waren. Auf diesen Ausflügen mit Channa hatte er erfahren, was ihm in Zukunft widerfahren würde. Er begriff, dass er mit der Zeit alt und krank werden und schliesslich sterben würde. Er fragte sich selbst: «Warum leidet die Menschheit auf diese Weise? Was ist der Grund für diesen Kreislauf von Geburt, Krankheit, Alter und Tod?» Und beim Gedanken an den durch die Strassen ziehenden Asketen fragte er sich selbst: «Könnte ich nicht wie dieser Mann sein und die Antwort auf meine Fragen selbst suchen?»

In Siddhārthas Geist wirbelten die Gedanken durcheinander. Der Garten war nicht mehr da. Siddhārthas Welt brach zusammen. Dinge, die er vor nur ein paar Stunden für bedeutend gehalten hatte, schienen keine Substanz mehr zu haben. Er hörte seinen Sohn in der Ferne lachen im Spiel mit seiner Mutter Yashodharā und deren Bediensteten. Ihm war, als geschehe dies in einem anderen Traum, einer anderen Welt, in der er fremd war. Seine Augen wurden feucht. Er würde dieses Lachen nicht mehr lange hören. Bald würde er dieses Paradies verlassen. Er musste die Antwort auf die Frage von Leben und Tod finden. Es gab keine Wahl mehr. Es war vorhergesagt worden. Nun war es Zeit, diese Vorhersage in die Tat umzusetzen.

Der Tag nahm seinen Lauf, der Abend kam und verging, aber der Prinz fand keinen Schlaf. Er streifte durch die Palastanlage. Er ging durch die verschiedenen öffentlichen Räume des Palasts, ging in die Ställe und redete mit den Pferden. Er trank etwas Wasser von einem der Brunnen; er hatte nicht viel gegessen am Tag, trotzdem war er nicht hungrig. Mond und Sterne leisteten ihm Gesellschaft. Von Zeit zu Zeit erhellte eine Sternschnuppe die Dunkelheit, fast so, als ob sie seine Stimmung aufhellen wollte. Allmählich fand er Frieden mit sich selbst. Sein Entschluss, das Problem von Leben und Tod zu lösen, war jetzt stärker als am eben vergangenen Tag. Am Morgen würde er mit seinem Vater und mit Yashodharā reden und am Abend würde er fort sein. Er verbrachte die restlichen Stunden der warmen Nacht schlafend im Garten, eingehüllt in sein Gewand. Ein Vorgeschmack auf sein neues Leben.

Der folgende Tag war mit den Vorbereitungen für seine Abreise gefüllt. Er sprach mit seinem Vater, seiner Frau und seinen ihm nahestehenden Gefährten über seinen Plan, das Leben eines Asketen aufzunehmen und seiner Berufung für ein religiöses Leben zu folgen. Natürlich war niemand glücklich über diesen Entschluss. Viele seiner Freunde konnten nicht verstehen, wie er ein weltliches Königreich aufgeben konnte für etwas, das, in ihren Augen, nur eine Laune war.

Als Siddhārtha den Palast in der Nacht verliess, liess er alle äusseren Zeichen seines königlichen Standes zurück. Er tauschte seine vornehme Kleidung gegen ein einfaches Gewand, schnitt sein langes Haar ab, nahm eine Almosenschale, suchte sich einen passenden Wanderstab, schlüpfte in robuste Sandalen und war weg.

10

SECHS JAHRE

Es steht geschrieben, dass Siddhārthas Weg ihn zunächst in die Einsiedelei des Heiligen Alara Kalama führte. Dieser unterwies eine grosse Zahl Anhänger in der Doktrin der Entsagung. Siddhārtha fiel durch sein schnelles Erfassen der Lehre auf, so dass Alara ihm bald schon den Posten eines Lehrers anbot. Nach einiger Bedenkzeit kam Siddhārtha zum Schluss, dass die Doktrin der Entsagung ihm keine Erlösung bringen würde. Er schlug das Angebot höflich aus und verliess die Einsiedelei.

Dann machte er sich auf den Weg nach Magadha, das im heutigen Staat Bihar im Nordosten Indiens lag. Dort weilte er an einem Berghang unweit der Stadt Rajagriha. In dieser Stadt bat er oft um Nahrung; die Stadtbewohner, die ihm begegneten, hielten ihn für einen Gott.

Eines Tages besuchte ihn der lokale König Vimbasara in seiner Felsenklause. Gemäss den Schriften versuchte der König Siddhārtha zu überreden, sein Einsiedlerleben aufzugeben und sein Begleiter zu werden. Er bot ihm sogar an, sein Königreich mit Siddhārtha zu teilen, falls dieser zu ihm in die Stadt ziehen würde. Auf all diese Angebote antworte Siddhārtha: «Nein danke». Und dann erklärte er dem König die Gründe für seine Absage:

> «Ich kenne die Nichtigkeit aller Begierden. Begierden gleichen einem Gefängnis; weise Menschen verwerfen sie. Ich habe sie weggewischt, so wie man eine Handvoll trockenes Stroh wegwischt. Wünsche sind so verderblich wie die Früchte am Baum; so launisch wie die Wolken am Himmel; so unzu-

verlässig wie der Regen; so wechselhaft wie der Wind! Leiden wird aus dem Begehren geboren. Kein Mensch sieht jemals alle seine Bedürfnisse befriedigt.

Aber diejenigen, die nach Weisheit streben, diejenigen, die die Wahrheit ergründen, sie sind es, die Frieden finden. Wer Salzwasser trinkt, verstärkt seinen Durst; wer Begierden entflieht, dessen Hunger wird gestillt. Ich habe keinerlei Begehren mehr. Ich suche nach der Wahrheit.»

- übers. aus *The Life of Buddha:* Andre Ferdinand Herold, 1922

in der Umgebung von Rajagriha lebte auch einen berühmter Eremiten namens Rudraka. Er hatte eine grosse Anhängerschaft. Siddhārtha besuchte ihn ebenfalls, fand aber, dass er die Wahrheit ebenso wenig kannte wie Alara Kalama.

Siddhārtha verliess Magadha bald wieder und wanderte, zusammen mit fünf von Rudrakas Schülern, ans Ufer des Nairañjanā-Flusses. Hier, in der Nähe des Dorfes Uruvela, verbrachte Siddhārtha sechs Jahre mit Meditation und der Ausübung äusserst strenger körperlicher Askese, die seinen Körper nach und nach auf Haut und Knochen reduzierte. Hier war es auch, dass Siddhārtha eines Tages zum Schluss kam, dass er, falls er diese harte körperliche Disziplin aufrechthalten sollte, tot sein würde, bevor er die Wahrheit entdeckt hatte. Er stoppte diese Praktiken und begann, wieder Nahrung zu sich zu nehmen, die ihm von den Dorfbewohnern geschenkt wurde. Nun gewann er seine Stärke zurück; der Körper sah wieder einigermassen normal aus. Er warf die schäbigen Lumpen weg, die er lange getragen hatte, und nähte sich selbst ein Gewand aus dem orangefarbenen Leichentuch eines toten Sklaven. Er badete im Fluss, wusch das Gewand, trocknete es an der Sonne, wickelte es um seinen Körper und suchte einen Platz zum Meditieren. Er war zum Schluss gekommen, dass der «mittlere Weg» sinnvoller war als das strikte Askententum. Mit anderen Worten, weder zu viel von etwas noch zu wenig von etwas, alles im Gleichgewicht, keinem Begehren nachrennen und keinem Begehren entfliehen.

Als die fünf Kameraden sahen, welche Änderungen Siddhārtha in seinem Leben vornahm, trennten sie sich von ihm und gingen nach Benares. Sie waren überzeugt, dass Siddhārtha seine Suche aufgegeben hatte. Dieser überquerte seinerseits den Nairañjanā-Fluss und gelangte in die Gegend von Bodh Gaya.

Der asketische Buddha

11

DER BODHIBAUM

Es gibt ein Baum, der steht, heutzutage, in Bodh Gaya, Indien, neben dem Mahābodhi-Tempel. Er gehört zur Familie mit dem offiziellen Namen *Ficus religiosa,* heiliger Feigenbaum. Diese Baumgattung ist im indischen Subkontinent, in Südwest-China und in Indonesien heimisch. Sie bringt wunderschöne Geschöpfe hervor, die Hunderte von Jahren leben und bis zu dreissig Meter hoch werden können mit einem Durchmesser von ungefähr drei Meter. Die Blätter sind im Durchschnitt vierzehn Zentimeter lang und zehn Zentimeter breit. Sie haben die Form eines Herzens mit einer charakteristischen Spitze, die an einen Tropfenzähler erinnert. Es ist interessant zu beobachten, dass sich die Blätter auch bewegen, wenn die Luft um sie herum still ist. Dafür gibt es natürlich eine wissenschaftliche Erklärung, aber viele Menschen führen es auf die Götter und himmlischen Wesen zurück, die angeblich in der Baumkrone leben. Der Baum ist auch bekannt unter den Namen Bodhibaum, Pippalbaum, Peepalbaum oder Ashwatthabaum. Er gilt den Hindus, Buddhisten und Jains als heilig.

Ein Vorfahre dieses gegenwärtig in Bodh Gaya stehenden Bodhibaums war es, der Siddhārtha Schutz bot, an jenem schicksalhaften Tag, als er beschloss, unter diesem Baum zu meditieren und nicht aufzustehen, bis er Buddhaschaft erlangt habe.

Der bald-werdende-Buddha war fünfunddreissig Jahre alt, als er sich sich in Bodh Gaya auf die Suche machte nach einem geeigneten Meditationsplatz. Ob er zum Bodhibaum geführt wurde oder ob es ein Zufallsfund war, ist Sache der

Mutmassung. Beim Anblick des Baumes wusste er jedenfalls, dass dies sein Meditationsplatz war. Zuerst verbeugte es sich sieben Mal gen Osten, den Baum im Rücken, dann wandte er sich dem Baum zu und verbeugte sich wieder. Er sammelte frisches Gras für einen passenden Sitz und setzte sich am Fusse des Baums nieder, den Rücken gegen den Stamm gerichtet, das Gesicht gegen Osten. Er begann die Meditation mit etwas Pranayama (yogische Atemübungen). Dann gelobte er, nicht mehr aufzustehen, bis er den Zustand von Bodhi erlangt hat.

Als er endlich wieder aufstand, war seine Welt, unsere Welt, diese Welt nicht mehr dieselbe.

Was in jenen Stunden unter dem heiligen Baum geschah, einschliesslich der auf die Erleuchtungserfahrung folgenden sieben Wochen, ist eine unglaubliche Geschichte. Sie wurde in zahlreichen unterschiedlichen Sutras und Texten niedergelegt und wird in den folgenden Kapiteln einmal mehr nacherzählt.

12

UNTER DEM BODHIBAUM

In der Überlieferung heisst es, dass gleich zu Beginn von Siddhārthas Meditation Mara zugegen gewesen sei, um ihn in Versuchung zu bringen. Im Buddhismus verkörpert Mara alles das, was dem geistigen Leben schadet.

Mara ist ein Meister der Verführung; er macht das Banale äusserst verlockend. Er und seine drei Töchter sind dafür verantwortlich, dass viele religiöse Lebensläufe Schiffbruch erlitten haben. Wir alle sind ihm und seinen Kindern im Laufe unseres Lebens in der einen oder anderen Form schon begegnet. Er ist nicht nur während unseren Meditationszeiten aktiv. Man kann ihn an vielen Orten lauern sehen, wenn man seine Methoden kennt. Gewöhnlich sind wir im Widerstand gegen Maras Verlockungen nicht so erfolgreich, wie Siddhārtha es war.

Was auch immer Mara offerierte, egal wie furchteinflössend er sich gab, wie verführerisch seine Töchter auch auftraten, gleichgültig wie viele andere Dämonen er ins Spiel brachte – es führte zu nichts.

In den Schriften wird folgender Austausch zwischen Mara und Siddhārtha berichtet: Mara begann: «Der Thron der Erleuchtung steht nur mir zu und keinem Sterblichen.» Worauf Maras Soldaten mit vereinter Stimme riefen: «Wir sind seine Zeugen!» Mara fuhr fort: «Diese Krieger sind meine Zeugen. Wer zeugt für dich?» Siddhārtha berührte mit der rechten Hand die Erde, und die Erde selbst sprach: «Ich zeuge für ihn.» Mara war bezwungen.

Siddhārtha überstand den mentalen Tumult. Mara zog ab und suchte nach leichterer Beute für sein Spiel mit Verwirrung und Täuschung. Nun, da Mara ausgeschaltet war, konnte Siddhārtha sich in einen tieferen Meditationszustand begeben.

Gemäss der Überlieferung entsann sich Siddhārtha in der ersten Nachtwache (18-21 Uhr) aller Geschehnisse in seinen früheren Leben.

In der zweiten Nachtwache (21-24 Uhr) erkannte er, wie alle Lebewesen geboren werden, erkranken, altern und sterben. Er erfasste die Flüchtigkeit des Lebens. Er begriff, wie karmische Einflüsse die Lebewesen durch den *Kreislauf von Leben und Tod* (Samsāra) tragen, wieder und wieder. Er war in der Lage, alles von allen Seiten und aus der Distanz zu sehen.

In der dritten Nachtwache fragte er sich selbst: «*Was ist die Ursache von Alter und Tod?*» Als direkte Ursache von Alter und Tod sah er *Geburt*. Also fragte er als Nächstes: «Was ist die Ursache von *Geburt?*» Er realisierte, dass es eine Ursache gab, die dem Geschehen, *Geburt* genannt, zu Grunde liegt. Er folgte der Kette von Ursache und Wirkung weiter und weiter, bis er auf die Ursache namens *Unwissenheit* stiess. An diesem Punkt sagte er sich: «Die Ursache für Alter und Tod ist *Unwissenheit*.»

Diese Kette von Ursache und Wirkung, bestehend aus zwölf Elementen, wurde bekannt als die *Lehre des bedingten Entstehens* oder die *Lehre vom Entstehen in Abhängigkeit*. Buddhas Formulierung dieser Lehre ist Thema des nächsten Kapitels.

Als die Sonne am Horizont aufstieg, war der Bodhisattva Siddhārtha Gautama ein Buddha. Er war der «Erwachte».

Er hatte die Erleuchtung erfahren, die den Kreislauf von Leben und Tod beendet.

Doch das war nicht das Ende. Die Überlieferung berichtet, dass der Buddha danach sieben Wochen lang in der unmittelbaren Nähe des Bodhibaums verblieb. Ein Teil dieser Zeit brachte er damit zu, einen Weg zu finden, um das, was er erfahren hatte, anderen zu übermitteln, damit diese sich auch von Samsāra – dem Kreislauf von Leben und Tod – befreien könnten. Es wird erzählt, zu Beginn habe der Buddha bezweifelt, ob seine Erfahrung überhaupt von anderen, die diese Erfahrung nicht selbst gemacht hatten, zu verstehen sei.

Schliesslich, nach langem Nachdenken und viel mehr Meditation, fand er, unter anderem, die Formulierung der *Vier Edlen Wahrheiten* und des *Edlen Achtfachen Pfades*. Das Gedankengut dieser zwei Konzeptgruppen bilden den Kern von Buddhas Lehre. Er brachte die nächsten fünfundvierzig Jahre damit zu, diese grundlegenden Prinzipien all denen verständlich zu machen, die willig waren, ihm zuzuhören.

Der Buddha definierte die *Vier Edlen Wahrheiten* wie folgt:

> *Die Wahrheit von Dukkha*
> *Der Ursprung von Dukkha*
> *Das Beenden von Dukkha*
> *Der Weg zum Beenden von Dukkha*

Sie heissen «edel», weil sie ein radikales Verstehen von Leben und Tod ausdrücken, das auf Vernunft und tiefer Meditation beruht und nicht auf einer *Offenbarung*.

> In diesem Buch wird das Wort *Offenbarung* im Sinne von Verkündigungen eines Höchsten Wesens an Seine Geschöpfe verwendet. Verkündigungen sind abhängig von Vermittlern

und deren Interpretationen. Diese Agenten sind die Propheten und Priester, denen wir bewusst oder unbewusst die Autorität verleihen «mit den Göttern zu reden».

Offenbarung setzt voraus, dass die Schilderung einer Erfahrung einer aussenstehenden Person als unfehlbar akzeptiert wird. Verstehen auf Grund einer persönlichen Erfahrung eines Fremden ist jedoch keineswegs Verstehen; es ist *Glauben*.

Glaube lässt sich nicht beweisen. Der Glaubensinhalt ist keine Tatsache; er erlaubt keine Theorien und Hypothesen, ist nicht empirisch überprüfbar. Um zu akzeptieren, was einem als wahr verkündet wird, muss man daran glauben. Man «schluckt» eine unbeweisbare Idee eines anderen Menschen. Man hat jemandem die «Schlüssel zum eigenen Geist» ausgehändigt.

Glauben bedeutet, die Autorität von jemandem oder etwas (z.B. ein Buch) zu akzeptieren, ohne irgendetwas zu wissen (oder wissen zu wollen) über die Glaubwürdigkeit dieses Jemanden oder Etwas. Mit dieser blinden Akzeptanz gibt man die eigene Fähigkeit zum Verstehen auf. Man tut dies freiwillig und fraglos.

Glauben muss stets gepflegt und bekräftigt werden. Für jemanden, der sich zu den rational denkenden Personen zählt, ergeben viele *Offenbarungen* keinen Sinn in der realen, vernünftigen Welt. Wir alle kennen zahlreiche Beispiele, wo Glauben und Lebenstatsachen miteinander im Konflikt sind.

Der *Glaube* an den Verkünder einer *Offenbarung* beruht auf dem Vertrauen in jemanden, der die Autorität des Verkünders garantiert. Die Leute, die dem *Offenbarer einer Offenbarung* Autorität verleihen, sind sterbliche Menschen.

Sie haben, wie jeder Mensch, ihre eigenen Absichten und Ziele. Schaut euch um! Seht, wie viele Religionen es in der heutigen Welt gibt. Schaut euch die Repräsentanten der unterschiedlichen Religionssysteme an. Seht, wie viel Tod und Verwüstung von diesen Religionssystemen seit Urzeiten zu verantworten sind. Und nun sieh dich selbst als Gläubiger; bist du das wirklich? Ist es nicht an der Zeit, dieses Stück Unwissenheit aufzugeben?

Man wird nicht aufgefordert, beschwatzt, bedroht oder sonstwie unter Druck gesetzt, das, was der Buddha lehrte, zu glauben. Buddhas letzte Worte an Ananda und seine versammelte Gemeinschaft lauteten, frei übersetzt:

«Sei Dir selbst ein Licht.
Verlasse dich auf dich selbst.
Verlasse dich nicht auf andere.»
-aus *Atta Dipa*

Wie macht man das? Wie wird man ein Licht für sich selbst? Man tut dies, indem man die *Vier Edlen Wahrheiten* durchdringt und sich zu eigen macht:

Die Wahrheit von Dukkha
Der Ursprung von Dukkha
Das Beenden von Dukkha
Der Weg zum Beenden von Dukkha

Der Weg zum Beenden von Dukkha, die *Vierte Edle Wahrheit,* ist bekannt als der *Edle Achtfache Pfad.*

Der Edle Achtfache Pfad wird definiert als:
Rechte Sicht
Rechter Vorsatz
Rechtes Reden
Rechtes Handeln

Rechter Lebensunterhalt
Rechtes Bemühen
Rechte Achtsamkeit
Rechte Meditation

Alles fügt sich zusammen, logisch, vernünftig, klug. Nichts von Schall und Rauch, kein Zaubertrick; nichts von Glauben, Hoffen, Frömmigkeit.

13

DIE LEHRE DES BEDINGTEN ENTSTEHENS
oder die Lehre vom Entstehen in Abhängigkeit

Es steht geschrieben, dass Ananda, Buddhas Gehilfe, nach dem ersten Hören der *Lehre des bedingten Entstehens,* etwas gesagt haben soll wie: «Diese ganze Sache scheint mir ziemlich trivial.» Der Buddha tadelte ihn: «Ananda, sage das nicht. Die Lehre ist sehr tiefgründig.» Dies sollte uns allen eine Warnung sein; die Thematik des *bedingten Entstehens* ist mehr als ein simples Gedankenspiel.

Wir beginnen unseren mentalen Ausflug in diese Lehre mit der Feststellung, dass es sich nicht um eine vom Buddha erdachte Theorie handelt. Die *Lehre des bedingten Entstehens* ist die Frucht der elementaren, tiefgründigen Einsicht, die der Buddha aus dem Zustand von *Prajñāpāramitā* in die Welt zurückgebracht hat. (*Prajñāpāramitā* bedeutet *vollkommene transzendente Weisheit;* der Zustand jenseits aller Worte und Erfahrungen.)

Die Lehre des bedingten Entstehens wird am besten definiert als eine Beschreibung der Vergänglichkeit und Wechselwirkung sämtlicher Dinge, die in dieser Welt existieren:

> «Wenn dieses ist, wird jenes;
> wenn dieses entsteht, entsteht jenes;
> wenn dieses nicht ist, wird jenes nicht.
> wenn dieses vergeht, vergeht jenes.»

Geburt - Alter & Tod - Unwissenheit - Willenstendenzen - Bewusstsein - Name & Form - Sechs Sinne - Kontakt - Sinnesempfindung - Begierde - Anhaften - Werden -

Dies ist das Lebensrad. Dies ist Samsāra. Dies ist unsere vergangene Existenz. Dies ist unsere gegenwärtige Existenz. Dies ist unsere zukünftige Wiedergeburt. Dies ist alles, was es gibt, so lange wir darauf bestehen, in Unwissenheit zu leben. Der Buddha, so wird berichtet sei diesem Kreis in beiden Richtungen gefolgt und fand die Beziehungen bestätigt.

Lasst uns nun die zwölf Schritte der *Lehre des bedingten Entstehens* betrachten. Wie bereits beschrieben hatte sich der Buddha in der Nacht seiner Erleuchtung eine Reihe von Fragen gestellt. Jede Frage entstammte der Antwort auf die vorangegangene Frage.

Auf diese Weise entdeckte er die «Kette von Ursache und Wirkung» in der menschlichen Existenz. Aber wiederum sollten wir wachsam sein und nicht erwarten, dass diese Kette sich linear entfaltet; die Elemente sind miteinander «verkoppelt». Sie fördern sich gegenseitig in beiden Richtungen, im Uhrzeigersinn und im Gegenuhrzeigersinn. Man kann diese Kette mit einer Fahrradkette vergleichen. Es ist eine Endlosschleife. Wenn man der Kette im Uhrzeigersinn folgt, beginnt man bei *Unwissenheit* und endet bei

Alter und Tod. Ob es ein Element gibt, das der *Unwissenheit* vorausgeht, hat der Buddha nicht gesagt. Man kann also nicht davon ausgehen, dass *Unwissenheit* das erste Glied der Kette ist. Denn wenn man der Kette entgegen dem Uhrzeigersinn folgt, beginnt sie mit *Alter und Tod* und endet mit *Unwissenheit.*

Wir beginnen nun wie der Buddha mit der Frage:

«Was ist die Ursache von Alter und Tod?»
Die Antwort:
«Es gibt Alter und Tod, weil es *Geburt* gibt. Alter und Tod sind bedingt durch *Geburt.*»

Wir fragen uns selbst: «Was ist *Geburt*?»
Geburt initiiert einen vorübergehenden Existenzzustand, in dem wir körperliches und seelisches Leiden erfahren, das in uns selbst entsteht. Wir leben ein Leben von *Dukkha,* weil wir *unwissend* sind über die *Vier Edlen Wahrheiten (die Wahrheit von Dukkha, die Ursache, das Beenden und der Weg zum Beenden von Dukkha).*

> «Wie kann da Lachen sein, wie Freude, wenn die Welt um euch in Flammen steht? Warum sucht ihr nicht nach Licht, die ihr im Dunkeln weilt? Seht diesen kostümierten Körper, mit Wunden bedeckt, zusammengefügt, kränklich, voller Gedanken! Ohne Kraft, ohne Dauer! Er zerfällt, von Krankheit zermürbt. Das Leben endet tatsächlich im Tod. In diesen weissen Knochen … wohnen Alter und Tod, Hochmut und Trug.»
> - *Dhammapada*: «Das Alter» nach M. Müller

….

Dann fragte er: *«Was ist die Ursache von Geburt?»*

Die Antwort:
> «Es gibt Geburt, weil es *Werden* gibt. Geburt ist bedingt durch *Werden*.»

Wir fragen uns selbst: «Was ist *Werden*?»
Das menschliche *Werden* ist aus zwei Faktoren zusammengesetzt: den neuen Gewohnheiten und den karmischen Neigungen, die wir in unserer gegenwärtigen Existenz, unserer gegenwärtigen *Unwissenheit* «schaffen», plus dem karmischen Kompost aus früheren Existenzen. Die neuen Gewohnheiten und karmischen Tendenzen sind Folgen von *eigenwilligen* Handlungen im gegenwärtigen Leben. *Eigenwillige* Handlungen sind «Ich-Handlungen». Sie basieren auf *Absichten* des Ichs, wie z.B. das «Ich-will»-Verhalten, das wir zur Durchsetzung unserer *Begierden* einsetzen. Diese *eigenwilligen* Taten sind nicht in Harmonie mit dem universalen Gesetz.

Der karmische Kompost besteht aus Überresten der eigenwilligen Handlungen früherer Existenzen, die nicht neutralisiert wurden, d.h sie sind nicht ohne Rest. Wenn man z.B. das Sprichwort «Man erntet, was man sät» als eine Metapher für neutralisierte, «Rest-freie» *eigenwillige* Taten benutzt, dann wäre «Man hat noch nicht geerntet, was man gesät hat» eine Metapher für *eigenwillige* Taten, die noch nicht neutralisiert, nicht «Rest-frei» sind.

> «Lass ab von allen Begierden; mit ganzem Herzen gebiete den Begierden Einhalt. Wenn die Welt verschwindet, wird alles klar.»
> - *Dhammapada*: «Der wahre Meister», nach T. Byrom

....

Dann fragte er: *«Was ist die Ursache von Werden?»*

Die Antwort:
> «Es gibt Werden, weil es *Anhaften* gibt. Werden ist bedingt durch *Anhaften*.»

Wir fragen uns selbst: «Was ist *Anhaften?*»
Anhaften ist das, was Honig macht, wenn er an einem Finger, der in den Honigtopf gesteckt wurde, kleben bleibt. *Anhaften* ist das, was wir Menschen mit Sinnesfreuden, Ansichten, Theorien, Glauben, Ritualen, Regeln und all dem machen, «ohne das ich nicht leben kann». Unser stärkstes verführerisches Haften ist das an der Vorstellung von einem «Ich». Das Anhaften an «ich» und «mein», das wir kultivieren, ist viel hartnäckiger als klebriger Honig, und, letztendlich, eindeutig weniger süss. Wir tragen wahrlich viel Gepäck. Es gibt *Anhaften* als Folge von willentlichen Taten in diesem Leben und *Anhaften* als Folge von willentlichen Taten in früheren Leben.

> «Wer ohne an etwas zu haften, in Freiheit von Fesseln lebt, seine Gelüste bezwungen hat und voller Licht ist, der ist frei in dieser Welt und in der nächsten.»
> - *Dhammapada*: «Der Weise», nach M. Müller
> ....

Dann fragte er: *«Was ist die Ursache von Anhaften?»*
Die Antwort:
> «Es gibt Anhaften, weil es *Begierde* gibt. Anhaften ist bedingt durch *Begierde*.»

Wir fragen uns selbst: «Was ist *Begierde?*»
Begierde ist definiert als Begehren, Verlangen, Bedürfnis, Habgier, Begehrlichkeit, Sehnsucht, Wollen, Ambition, Unersättlichkeit und alle entsprechenden Synonyme.

Wir alle haben *Begierden*; manchmal in geheimen Winkeln versteckt. Es wäre nutzlos, diese Tatsache zu leugnen. Man setze sich bloss einmal an einen stillen Ort und frage sich selbst: «Ohne was kann ich nicht leben?» oder «Was müsste jemand mir verweigern oder wegnehmen, damit ich ihn verletzen oder schädigen würde?» Man muss vorbereitet sein darauf, dass sich grosser mentaler Widerstand einstellt, Wut, Trägheit oder was auch immer, womit sich der Geist dagegen wehrt, eine ehrliche Antwort auf diese Art von Fragen zu geben. Man könnte sagen: *Begierde ist aus dem Ruder gelaufenes Bedürfnis.* Wir versuchen, unsere Begierden mit dem Willen – durch absichtsvolles Handeln – zu befriedigen. Dies gelingt nie. Wir fahren dennoch fort, es zu versuchen, – ad infinitum – weil wir *unwissend* sind.

> «Wer die weltlichen Begierden überwindet, was schwer zu vollbringen ist, von dem fallen Sorgen ab wie Wassertropfen von einem Lotusblatt.»
> - *Dhammapada* : «Durst», nach M. Müller
> ....

Dann fragte er: «Was ist die Ursache von Begierde?»
Die Antwort:
 «Es gibt Begierde, weil es *Sinnesempfindung* gibt. Begierde ist bedingt durch *Sinnesempfindung*.»

Wir fragen uns selbst: «Was ist *Sinnesempfindung*?»
Sinnesempfindung kann körperlich oder geistig sein. Ein Sinnesreiz löst eine angenehme, unangenehme oder neutrale Empfindung aus. Eine körperliche Empfindung wird mit den Körpersinnen wahrgenommen; eine mentale Empfindung mit dem Geist (mind). Im Buddhismus gilt auch der Geist als Sinn.

Wir sind vergnügungssüchtige Wesen. Wir sind ständig darauf aus, angenehme Empfindungen zu bewahren und unangenehme abzustellen. Das Verlangen, Angenehmes zu behalten und Unangenehmes loszuwerden, führt uns in das Ödland der Unersättlichkeit, denn Begierde kann niemals restlos befriedigt werden — niemals! Warum versuchen wir, nimmersattes Verlangen zu stillen, Leben für Leben? Gibt es nicht einen Punkt, an dem man innehalten und sich sagen könnte: «Moment mal; ich habe dieses Verhalten wieder und wieder an den Tag gelegt, mein ganzes Leben lang, in der einen Variation oder der anderen; und immer kommt das Gleiche heraus. Was geht hier vor sich?»

> «Die Begierden eines achtlosen Menschen
> wachsen wie ein Rankengewächs. Er rennt
> vom einen zum anderen, wie ein Affe, der
> nach Früchten sucht.»
> - *Dhammapada*: «Durst», nach M. Müller

....

Dann fragte er: *«Was ist die Ursache von Sinnesempfindung?»*
Die Antwort:
   «Es gibt Sinnesempfindung, weil es *Kontakt* gibt. Sinnesempfindung ist bedingt durch *Kontakt.*»

Wir fragen uns selbst: «Was ist *Kontakt*?»
Wir Menschen haben sechs Sinnesorgane: Augen, Ohren, Nase, Zunge, Körper, Geist. Jedem Sinn ist ein Sinnesobjekt zugeordnet: dem Auge die Form, dem Ohr das Geräusch, der Nase der Geruch, der Zunge der Geschmack, dem Körper der Tastsinn, dem Geist die mentalen Objekte. Das Zusammentreffen von Auge, Form und visuellem Bewusstsein wird *Kontakt* genannt. Dasselbe gilt für die anderen Sinne; d.h. Sinn + Sinnesobjekt + Sinnesbewusstsein = *Kontakt*.

Kontakt und die entsprechenden Sinnesempfindungen können nicht voneinander getrennt werden. Ist Kontakt hergestellt, ist auch die Empfindung, – angenehm, unangenehm oder neutral – sofort festgelegt. In gewissen Umständen ist dieses Zusammenfallen lebensrettend. So verhindert es z.B., dass man die Hand zu lange über einer offenen Flamme hält. In vielen anderen Umständen jedoch macht es diese Verbindung äusserst schwer, den *Begierden* im eigenen Verhalten Einhalt zu gebieten.

> «Wer nur auf der Suche nach Vergnügen lebt,
> die Sinne unkontrolliert, sich masslos alles
> einverleibend, müssig und schwach, den werden
> die Versuchungen fällen, so wie der Wind einen
> schwachen Baum fällt.»
> - *Dhammapada*: «Paare» nach M. Müller

....

Dann fragte er: *«Was ist die Ursache von Kontakt?»*
Die Antwort:
«Es gibt Kontakt, weil es die *sechs Sinne* gibt. Kontakt ist bedingt durch die *sechs Sinne*.»

Wir fragen uns selbst: «Was sind die *sechs Sinne*?»
Die *sechs Sinne* sind Augen, Ohren, Nase, Zunge, Körper, Geist. Jeder Sinn hat sein korrespondierendes Sinnesobjekt ausserhalb seiner selbst: Form, Geräusch, Geruch, Geschmack, Berührung, geistige Objekte.

Die Quelle des Leidens sind nicht die sechs Sinne oder ihre entsprechenden Objekte. Es ist unsere «vorprogrammierte» Wahrnehmung der rohen Sinneseindrücke, die uns das Leben schwer machen. Man sollte zwei Mal denken, bevor man das Bibelwort «Wenn dich dein Auge verführt, dann reiss es aus» wörtlich befolgt. Obgleich das schon immer ein Trugschluss ist, so gibt man doch meistens dem Körper die Schuld für das eigene dumme Verhalten. Das ist der einfachste Ausweg. Schliesslich ist es das Denken, das als Zirkusdirektor unseren eigenen, persönlichen Zirkus dirigiert, nicht wahr?

> «Wer in allem Selbstbeherrschung übt, ist frei vom Leiden; wer seine Hände unter Kontrolle hat, seine Füsse unter Kontrolle hat, seine Rede unter Kontrolle hat, wer innerlich froh ist und gesammelt, wer sich alleine genügt, der hat wahrhaftige Meisterschaft erlangt.»
> - *Dhammapada*: «Der Bettelmönch», nach M. Müller

....

Dann fragte er: «*Was ist die Ursache der sechs Sinne?*»
Die Antwort:
 «Es gibt sechs Sinne, weil es *Name und Form* gibt. Die sechs Sinne sind durch *Name und Form* bedingt.»

Wir fragen uns selbst: «Was ist *Name und Form?*»
Name wird definiert als das psychologische Element von Empfindung, Wahrnehmung und Willenstendenzen. *Form* ist hier der menschliche Körper.

> «Verstehe, dass der Körper lediglich der Schaum einer Welle ist, der Schatten eines Schattens.»
> - *Dhammapada:* «Blumen», nach T. Byrom

....

Dann fragte er: «*Was ist die Ursache von Name und Form?*»
Die Antwort:
 «Es gibt Name und Form, weil es *Bewusstsein* gibt. Name und Form sind bedingt durch *Bewusstsein*.»

Wir fragen uns selbst: «Was ist *Bewusstsein?*»
Der Buddha sagte: «Weil es erkennt, wird es *Bewusstsein* genannt.» Weil was erkennt? *Bewusstsein* erkennt.

In der buddhistischen Philosophie werden unendlich viele Gedanken und Worte eingesetzt, um zu erklären, was Buddhas Aussage «*Bewusstsein* ist nicht unser Selbst.» bedeutet. In diesem Text geschieht dies nicht. Es wird nur soviel gesagt: Die Antwort auf diese Fragen ist in tiefem *Prajñāpāramitā* zu finden.

> «Wenn ihr euch der eigenen Konditionierung bewusst werdet, werdet ihr die Gesamtheit eures Bewusstseins verstehen. Bewusstsein ist das ganze Feld, in dem Gedanken wirken und Beziehungen existieren. Alle Motivationen, Absichten, Sehnsüchte, Hoffnungen, Sorgen und Freuden befinden sich in diesem Feld. Aber wir haben begonnen, das Bewusstsein zu unterteilen in die aktive und die schlafende, die obere und die untere Ebene – das heisst, alle täglichen Gedanken, Gefühle und Aktivitäten sind oben, und darunter ist das sogenannte Unterbewusstsein mit all den Dingen, die uns nicht vertraut sind, die sich gelegentlich durch gewisse Andeutungen, Intuitionen und Träume äussern.»
> - übers. aus: J. Krishnamurti *Freedom from the Known*; Kap. 3

«*Wenn ihr euch der eigenen Konditionierung bewusst werdet, werdet ihr die Gesamtheit eures Bewusstseins verstehen.*» Das heisst, wenn man die *Vier Edlen Wahrheiten* wahrhaftig versteht, versteht man die Gesamtheit des Bewusstseins.

….

Dann fragte er: «*Was ist die Ursache von Bewusstsein?*»

Die Antwort:
«Es gibt Bewusstsein, weil es *Willenstendenzen* gibt. Bewusstsein ist durch *Willenstendenzen* bedingt.»

Wir fragen uns selbst: Was sind *Willenstendenzen*? *Willenstendenzen* sind Formationen von *eigenwilligen* Tatabsichten. Wie früher bereits dargelegt sind *eigenwillige* Taten die Ego-Handlungen, das «Ich-will»-Verhalten, durch das man seine *Begierden* zu befriedigen versucht. Dieses *willentliche* Agieren ist nicht im Einklang mit dem universalen Gesetz.

Der Buddha nannte einundfünfzig *Willenstendenzen* (siehe Liste unten). Man kann diese Sammlung wie die Schubladen eines Apothekerschranks betrachten. Jede Schublade ist mehr oder weniger vollgestopft mit einer bestimmten *Willenstendenz,* einer Formation von Neigungen zum absichtsvollen Handeln. Der ganze Schrank steht auf dem Boden der *Unwissenheit.* Jede Formation von *Willenstendenzen* ist ein Resultat aus den in der Vergangenheit vollzogenen *guten* oder *schlechten Willenshandlungen*. Diese *guten* oder *schlechten* Taten werden allgemein als Karma bezeichnet.

Der «Wille», den man für gute und schlechte Taten einsetzt, besteht aus einer Mischung aus *Unwissenheit* und einem guten Mass an *Willenstendenzen* aus einer oder mehreren Schubladen des «Karma-Schranks». Der Inhalt der Schubladen verändert sich andauernd. Durch die *eigenwilligen Handlungen,* basierend auf *Unwissenheit,* fügt man karmische Inhalte hinzu oder hebt sie auf. Mit anderen Worten, wir fügen «Ursachen und Wirkungen» hinzu, und zwar ständig. Nur wenn eine Tat *rein* ist, das heisst kein Karma schafft, wird der Schrank nicht benutzt. Eine Tat ist dann *rein,* wenn sie nicht unter dem Einfluss von *Unwissenheit* oder *Wille* ausgeführt wird. Eine solche Tat hinterlässt keine Spuren, ähnlich dem Flug eines Vogels in der Luft. Sie ist ohne Rest.

Einundfünfzig Willenstendenzen:
Absicht, Ablehnung, Achtsamkeit, Achtlosigkeit, Anhaften, üble Ansichten, Ärger, Aufgeregtheit, Aufmerksamkeit, Bösartigkeit, diskursives Denken, Einsicht, Empfindungen, Energie, Entschluss, Erinnerung, Falschheit, Feingefühl, Freiheit von Verlangen, Freiheit von Aversion, Freiheit von Unwissenheit, Gedanken fassen, Gewalttätigkeit, Gewaltlosigkeit, Gleichmut, Groll, Heuchelei, Hinterhältigkeit, Ich-Rausch, Kontakt nehmen, Leichtsinn, Mangel an Einsicht, Mattigkeit Misstrauen, Neid, Reue, Ruhe, Ruhelosigkeit, Sammlung, Scham, Schamlosigkeit, Selbstsucht, Skrupellosigkeit, Starrsinn, Stolz, Trägheit, Unwissenheit, Vertrauen, Wachheit, Wille, Zweifelsucht. (Dies ist sozusagen unsere mentale DNA.)

….

Dann fragte er: «*Was ist die Ursache von Willenstendenzen?*» Die Antwort:
   «Es gibt Willenstendenzen, weil es *Unwissenheit* gibt. Willenstendenzen sind durch *Unwissenheit* bedingt.»

Wir fragen uns selbst: «Was ist *Unwissenheit*?»
Unwissenheit ist unser Nicht-Verstehen der *Vier Edlen Wahrheiten*.

….

Dann untersuchte der Buddha diese Kette von Ursache und Wirkung in der umgekehrten Reihenfolge und befand sie als wahr:

Unwissenheit
ist die Ursache von
Willenstendenzen
sind die Ursache von
Bewusstsein
ist die Ursache von
Name und *Form*
ist die Ursache für
die sechs Sinne
sind die Ursache von
Kontakt
ist die Ursache von
Sinnesempfindung
ist die Ursache von
Begierde
ist die Ursache von
Anhaften
ist die Ursache von
Werden
ist die Ursache von
Geburt
ist die Ursache von
Alter und Tod.

Diese Kette beginnt mit *Unwissenheit*. Wie bereits erwähnt, hatte der Buddha nie gesagt, *Unwissenheit* sei die ursachenlose, erste Ursache. Er zeigte einfach nie etwas auf, das als Ursache für *Unwissenheit* aufgefasst werden könnte. Die Quelle der *Unwissenheit* bleibt uns verborgen. Wir können Unwissenheit nicht ergründen. Wozu sich also um ihre Quelle kümmern? Dies sollte unsere kleinste Sorge sein. Haben wir nicht genug Nahrung mit diesen zwölf Elementen, die unsere Existenz erklären?

Zurückkommend auf das Thema des *Bedingten Entstehens* sagte der Buddha:

«Ananda, tiefgründig ist das Gesetz des *Bedingten Entstehens* und tiefgründig stellt es sich heraus. Weil dieses Gesetz nicht verstanden und nicht durchdrungen wird, gleicht die Welt einem wirren Fadenknäuel, einem verwobenen Vogelnest, einem Bambusdickicht; so dass der Mensch den niederen Bereichen der Existenz, dem Zustand von Leid und Unheil, nicht entkommt und dem Kreislauf der Wiedergeburten unterworfen ist.»
- buddhanet.net

14

DIE ERSTE EDLE WAHRHEIT
Wahrheit von Dukkha

Buddhas Formulierung des menschlichen Zustands hier auf Erden war äusserst präzis und sehr wissenschaftlich. Zuerst stellte er fest, was das Problem ist: *Die Wahrheit von Dukkha*. Dann erklärte er die Ursache des Problems: *Der Ursprung von Dukkha*, gefolgt von der Lösung des Problems: *Das Beenden von Dukkha*. Und schliesslich zeigte er den Weg zur Umsetzung der Lösung: *Der Weg zur Befreiung von Dukkha*. Es könnte nicht klarer sein. Es bedarf keiner Intervention von aussen. Die Priester und Prediger, Psychologen und Psychiater haben alle das gleiche Problem wie wir. Es gibt keine Experten, die dieses Problem für uns lösen könnten. Gemäss dem Buddha muss jeder einzelne Mensch das Gedankengut, das in den *Vier Edlen Wahrheiten* zum Ausdruck kommt, selbst durchdringen und verstehen, um dadurch die *Unwissenheit* zu überwinden.

> Das Wort *Unwissenheit* wird in diesem Buch nicht im Sinne von *Dummheit* gebraucht. Diese zwei Worte sind nicht gleichbedeutend.
>
> *Unwissenheit* ist Nicht-Wissen. Unwissendes Verhalten ist das Resultat von *nicht* unterrichtet sein, *nicht* gewahr sein, *nicht* orientiert sein in Bezug auf etwas oder jemanden. Dummes Verhalten zeigt sich dort, wo man sehr wohl unterrichtet, gewahr oder orientiert ist über etwas oder jemanden, jedoch so tut, als ob man *nicht* unterrichtet, *nicht* gewahr oder *nicht* orientiert wäre über etwas oder jemanden. Dummes Verhalten kann nicht mit Unwissenheit entschuldigt werden.
>
> In diesem ganzen Text bedeutet *Unwissenheit* das fehlende Verstehen von der Wahrheit von Dukkha, dem Ursprung von Dukkha, dem Beenden von Dukkha, dem Weg zum Beenden von Dukkha.

Dukkha ist Buddhas Definition der Conditio Humana, dem Grundzustand der menschlichen Existenz: *Das Leben ist Dukkha.* Dukkha umfasst die ganze Bandbreite der menschlichen Lebenserfahrung: Geburt, Heranwachsen, Altern, Krankheit, Tod mit all ihren körperlichen und seelischen Begleiterscheinungen. *Dukkha* ist mehr als Leiden, Kummer oder Stress, als das es gewöhnlich in den westlichen Wörterbüchern übersetzt wird. Es geht tiefer und ist allgegenwärtiger, als diese Wörter suggerieren.

Wir alle schwimmen in unserer selbst geschaffenen Welt von *Dukkha*. Wir stecken bis zum kollektiven Hals in Sorgen, Not und Verwirrung. Jeder und jede hat eine traurige Geschichte zu erzählen. Jeder und jede wurde geboren und wird sterben. Warum? Wie der Buddha erklärte, liegt die Ursache in unserer *Unwissenheit*. Unwissenheit von was? Ganz einfach: Wir verstehen die *Vier Edlen Wahrheiten* nicht und deshalb verstehen wir uns selbst nicht.

> Verstehen ist keine intellektuelle Angelegenheit. Richtiges Verstehen ist niemals intellektuell. «Intellektuelles Verstehen» besteht aus einer Sammlung von Meinungen. Es gibt kein «Ich denke, ich verstehe.» Entweder man versteht oder man versteht nicht. Es ist kein Gedankenspiel. Richtiges Verstehen ist immer empirisch, erfahrungsmässig, und so wird das Wort in diesem Text verwendet.

Der Buddha unterteilte das Prinzip von *Dukkha* in verschiedene Aspekte. Jeder Aspekt muss für sich allein erfasst und verstanden werden, wenn man frei von seinem Einfluss sein will.

Gemäss dem Buddha manifestiert sich Dukkha als:
- allgemeines Leiden
- Folge von Veränderung
- Folge der bedingten Daseinsfaktoren (*Fünf Skandhas*).

Der erste Aspekt von *Dukkha* betrifft unser materielles Dasein, unsere körperliche Gestalt. Der zweite und der dritte Aspekt beziehen sich auf unser geistiges Dasein. In Wirklichkeit überlappen sich die drei, sie stehen nicht für sich allein. Der Buddha schnitt den Kuchen, bildlich gesprochen, oft in viele kleine Stücke, damit er besser zu handhaben ist. In mundgerechten Stücken dargeboten, lässt sich die Materie besser kauen und verdauen, ohne geistige Verdauungsbeschwerden zu verursachen.

….

14.1 ALLGEMEINES LEIDEN

Dieser Aspekt von *Dukkha* betrifft den endlosen Kreislauf des Leidens, das verbunden ist mit Geburt, Altern, Krankheit und Tod. Intuitiv wissen wir alle, dass dieser Kreislauf existiert. Wir sehen die Natur ihre Jahreszeiten durchlaufen. Man sät neue Samen im Frühling und reisst die toten Pflanzen im Herbst aus. Man spaziert im Wald und bestaunt die Frühlingsblumen und das faulende Holz gleichzeitig. Man schaut den von Blüte zu Blüte fliegenden Bienen zu und sieht sie erschöpft und sterbend im späten Herbst. Man sieht die eigenen Lieben altern und sterben. Man akzeptiert dies alles als den natürlichen Lauf des Lebens, ausser, wenn es einen selbst betrifft. Warum? Gemäss Buddha ist die Antwort – unsere Unwissenheit.

> «Die ganze Welt ist eine Bühne.
> Und alle Frauen und Männer blosse Spieler.
> Sie treten auf und gehen wieder ab.
> Sein Leben lang spielt einer manche Rollen.
> Durch sieben Akte hin…
> Der letzte Akt, mit dem die seltsam bewegte
> Geschichte endet, ist zweite Kindheit,
> gänzliches Vergessen; ohne Zähne, ohne
> Augen, ohne Geschmack, ohne alles.»
> *- William Shakespeare, «Wie es euch gefällt», 2. Akt.*

Und «ohne alles» verlässt man diese Welt, ohne jede Erkenntnis, warum man überhaupt in sie hineingeboren wurde. Welch merkwürdige Wesen wir doch sind – Schlafwandler, Schattenkämpfer, uns gegenseitig fürchtend. Wie viele Lebensläufe wird es noch brauchen, bis wir erwachen?

Der Buddha sah alle seine vergangenen Leben in der Nacht seiner Erleuchtung. Er sah seine «schlafwandlerischen, mit Schatten kämpfenden, sich gegenseitig fürchtenden» Lebenserfahrungen und ging darüber hinaus. Er zeigte, dass dies machbar ist.

Im *Jatakam,* einer Sammlung von Buddhas «Geburtsgeschichten», gibt es Hunderte von Erzählungen über seine früheren Leben, als Mensch, als Gottheit oder als Tier. Sie bieten eine faszinierende Lektüre.

> «Vergeblich suchte ich nach dem Erbauer
> meines Hauses, unzählige Leben lang.
> Ich konnte ihn nicht finden…
> Wie schwer es ist,
> Leben um Leben zu durchwandern.
> Doch jetzt sehe ich dich, O Erbauer!
> Und nie mehr wirst du mein Haus bauen.
> Ich habe die Pfeiler zerbrochen,
> die Dachbalken durchtrennt
> und die Begierden vertrieben.
> Nun ist mein Geist frei.»
> - *Dhammapada:* «Alter», nach T. Byrom

....

14.2 VERÄNDERUNG

Man nehme sich einen Moment Zeit, um einen inneren Katalog zusammenzustellen von all den Dingen im eigenen Leben, die sich nicht verändert haben. Geht das? Selbst die Erinnerungen an die Dinge, von denen man sagt, sie seien unverändert, haben sich verändert. Sie wurden modifiziert, umgestaltet, verstärkt oder geschwächt, in Abhängigkeit vom gegenwärtigen Bild, das man von sich selbst hat.

Nichts in dieser Welt steht still. Aber die meisten von uns vergeuden viel Zeit, Energie und Mittel im Versuch, für immer zu behalten, was man liebt, und loszuwerden, was man nicht liebt. Sei es ein überfüllter Schrank voller gestrigem Plüschzeug oder ein überfüllter Geist voller Erinnerungen an Dinge, die in Wirklichkeit eigentlich nie so toll waren; wir sind Meister im Sammeln. Ich *bin* die Dinge, die ich sammle; sie definieren, wer ich bin. Ich möchte mich nicht ändern, weil ich sonst unsicher werde. Also wird mein Schrank grösser und voller.

Wir Menschen halten uns selbst für die Meisterkontrolleure unserer Umwelt. Wir fliegen auf den Mond, tauchen auf den Grund der Meere. Wir manipulieren Gene, schaffen Roboter, die uns selbst ersetzen. Wir suchen nach dem Beginn der Ewigkeit und nach Zivilisationen auf anderen Planeten. Wir verneigen uns vor dem Gott der Wissenschaft; huldigen dem Gott des Geldes; dienen dem Gott von Krieg und Zerstörung. Wir töten uns gegenseitig wegen Hautfarbe, Glaubenssystemen oder Stammesbräuchen. Wir weigern uns, den natürlichen Fluss der Wirklichkeit zu akzeptieren. Alles muss sich unserem kollektiven Willen unterordnen. Das ist zum Scheitern verurteilt. Und wir scheitern andauernd, weil die Welt nicht nach unserer Musik tanzt. Man halte sich vor Augen: Die Geschichte ist übersät mit katastrophalen Fehlschlägen. Und wir machen trotzdem weiter und ernten immer neues Leiden. Wie kommt das? Gemäss Buddha ist die Antwort – unsere Unwissenheit.

> Ganz in der Nähe der Stadt gibt es einen Bach, an dem die Kinder gerne spielen. Sie waten ins Wasser und bauen Dämme

aus Steinen, Zweigen, Blättern und Schlamm, um das Wasser am Weiterfliessen zu hindern. Wie sehr sie sich auch bemühen und den Bach im Zaum zu halten versuchen, das Wasser findet immer einen Weg durch ihre Bauwerke und trägt das ganze Gebilde schnell ab.

Ab und zu kommen einige ältere Kinder dazu und erklären den jungen Dammbauern, dass sie viel bessere Dämme bauen könnten, die das Wasser richtig lang zu stauen vermöchten. Sie geben an mit den tollen Staudämmen, die sie in vergangener Zeit geschaffen hätten und belächeln die Anstrengungen ihrer jungen Kameraden. Die Jüngeren machen den Älteren Platz, um ihr Können zu zeigen, doch die ältere Generation erbringt kaum ein besseres Resultat als die Konstruktionen der gegenwärtigen Schar.

«Die einzige Konstante ist Veränderung»
- Heraklit

Wer auch nur ein bisschen wach ist für das Geschehen im alltäglichen Leben, kann *Dukkha als allgemeines Leiden* und *Dukkha als Folge von Veränderung* leicht beobachten. Der Buddha wies darauf hin, dass wir, obgleich tagein, tagaus mit dieser Art von Leiden und Wandel konfrontiert, das Wesen desselben nicht erfassen. Wir erkennen nicht, dass wir selbst die Quelle unseres Leidens sind. Wir sehen es nicht als das, was es ist, weil wir *unwissend* sind. Wir erleiden den Schmerz von Verlust und Unbeständigkeit, überdecken ihn jedoch mit Selbstmedikation der einen oder anderen Sorte. Wir gehen ihm nicht auf den Grund. Wir verstecken uns vor ihm in einem selbsterzeugten Dunst von psychischen und leiblichen Placebos.

Einer meiner Freunde erlitt vor kurzem einen schwerwiegenden Verlust. Es war ein gewaltiges, einschneidendes Ereignis. Einige seiner Freunde rieten ihm, professionelle Hilfe zu suchen, um über das seelische Trauma, das dieses Geschehen bewirkt hatte, hinwegzukommen, selbst wenn dies bedeuten würde, Psychopharmaka zu schlucken. Andere rieten ihm, das Ganze einfach zu vergessen und mit seinem Leben weiterzumachen. «Finde eine passende Ablenkung, ein Hobby oder sonst etwas», meinten sie. Wieder andere rieten, den Schmerz Gott zu übergeben, «Gott wird es richten», sagten sie. Mein Freund beschloss, keine dieser wohlmeinenden, zum Scheitern verurteilten, Empfehlungen zu folgen.

Was tat er? Er tat nichts. Sobald die Ungeheuerlichkeit des Verlustes ihn zu übermannen drohte, setzte er sich an irgendeinen stillen Ort und gab sich dem Schmerz widerstandslos hin. Er liess es zu, dass Kummer und Elend ihn überrollten wie eine gewaltige Tsunami. Er wurde nicht wütend oder selbstmitleidig. Er gab nicht den Umständen die Schuld und klagte niemanden an. Er analysierte nichts noch versuchte er, das Ganze zu rationalisieren. Er sass — im wörtlichen Sinn — einfach mitten im Schmerz.

Ein Masochist? Wohl kaum. Er erkannte, dass durch das Sitzen im seelischen Schmerz dieser Schmerz sich bald auflöste. Er war inhaltslos, leer. Mein Freund erkannte, dass er in einer selbsterschaffenen Hölle sass, die keine Wirklichkeit hatte ausser der Wirklichkeit, die er ihr selbst verlieh. Sie besass keine andere Bedeutung als die, die er ihr gab. Er sass im Chaos seines Verlustgefühls und überlebte, wobei er wusste, dass er nie wieder einen solchen Schmerz erleiden würde. Er wusste dies nicht verstandesmässig, es war ein tief verwurzeltes «Aha-Erlebnis». Er musste nichts analysieren, nichts bewerteten, keine Schlüsse ziehen. Das Verstehen kam als Folge seiner unmittelbaren Erfahrung. Der Verlust war real; daran gab es keinen Zweifel. Ausschlaggebend war das, was er mit dem Fakt des Verlustes tat. Wahres Verstehen ist eine Frucht der eigenen Erfahrung. Auf diese Weise wird ein bisschen Unwissenheit weggespült.

....

4.3 Die bedingten Daseinsfaktoren
Die fünf Skandhas

Die *Fünf Skandhas* sind die fünf Elemente, welche die gesamte körperliche und geistige Existenz des Menschen ausmachen. Der Buddha definierte sie als Form (Rupā), Sinnesempfindung (Vedanā), Wahrnehmung (Samjñā), Willenstendenzen (Samskāra) und Bewusstsein (Vijñāna). Der Mensch existiert nur vermittels dieser fünf Elemente.

Die *Skandhas* sind bedingt, d.h. sie existieren nur auf Grund von anderen Bedingungen, und diese anderen Bedingungen existieren nur auf Grund von anderen Bedingungen. Das ist der Grund, warum die *Skandhas* als «leer» bezeichnet werden. Wir sind eine ununterbrochene Aufeinanderfolge von Ursachen und Wirkungen. Es gibt kein «Ich», das etwas anderes ist als das, was sich in jedem, gerade stattfindenden Augenblick aus dem Zusammenspiel der *Fünf Skandhas* ergibt. Das war Buddhas Entdeckung. Und das ist es, was der Bodhisattva Avalokiteshvara im *Herz-Sutra* verkündet. Es gibt nichts in dieser Welt, das nicht ein bedingtes Entstehen manifestiert. Alles in diesem Leben ist unbeständig, flüchtig, gleich einer Fata Morgana. Es hat keinen Grund und Boden.

Wir suchen Beständigkeit im Unbeständigen, aber was wir stattdessen fühlen, ist eine tief verwurzelte, unergründliche Unzufriedenheit. Diese tiefsitzende Unzufriedenheit heisst *Dukkha*.

Wir verwenden viel unserer Lebensenergie mit dem Kultivieren von Wurzeln im Treibsand, im Bemühen, Beständigkeit in unserem Leben zu schaffen und zu bewahren. Wir pflegen unsere Traditionen, unsere Philosophien, unsere Glaubenssysteme, unsere Geschichte, unsere Nationalismen, unsere Familien, unsere Sippen, unser «dies-und-das», aber das sind alles Produkte des Denkens – unseres kollektiven Denkens. Dieses kollektive Denken reicht in Urzeiten zurück. Es verleiht uns ein falsches Gefühl von Kontinuität und Dauer. Das Denken ist immer parat, das Loch unserer Unzufriedenheit, Wurzellosigkeit und Einsamkeit zu füllen; doch das ist niemals von Dauer. Es kann uns momentanen Komfort spenden, solange, bis wir, aus einem Augenwinkel, die Vergänglichkeit des Ganzen sehen. Wie viele zusammenhängende, zusammenpassende, widersprüchliche, zerstreute, unsinnige, sachliche, selbstzentrierte Gedanken hast du heute schon gehabt?

Die *Lehre der Fünf Skandhas* ist nicht etwas, das man liest und einverstanden oder nicht einverstanden ist und dann leichthin in einer mentalen Schublade verstaut. Diese Worte sagen, dass man nicht als Sally oder Sam, Hans oder Hanna existiert. Man ist eine Schöpfung des eigenen Geistes. Denk darüber nach, wenn du es wagst: Du bist Prozess, und Prozess bedeutet Bewegung und Veränderung. Wie viel von dir ist dasselbe wie vor einer Woche, einem Monat, einem Jahr – sowohl körperlich als auch geistig?

> «Alles, was wir sind, kommt aus unserem Denken; die Welt gründet auf unserem Denken und wird von unserem Denken hervorgebracht.»
> - *Dhammapada:* «Die Paare» nach M. Müller

Das ursprüngliche «Selbst» – der Zustand von «Nicht-Unwissenheit» – kann nur in *Prajñāpāramitā*, dem Zustand *vollkommener Weisheit,* jenseits aller Gedanken und Worte, *deutlich* gesehen/erfahren werden. Nur wenn die mentalen Konstrukte wegfallen, *sieht* man das *Leer*-sein der *Fünf Skandhas*. Wenn das Denken ruht und Stille herrscht, *sieht* man das eigene *ursprüngliche Gesicht.*,

> «Ohne an gut oder böse zu denken,
> in diesem Augenblick,
> was ist dein ursprüngliches Gesicht?»
> - Zen-Meister Hui-neng

Der Buddha sagt uns, dass wir dies tun können. Es ist möglich, das eigene *ursprüngliche Gesicht* zu sehen. Man kann dieses «Abfallen» der mentalen Konstruktionen selbst erleben. Wann höre ich auf, «an gut oder böse zu denken»,

Urteile zu fällen, Meinungen zu bilden, meinen Geist mit Trivialem zu füllen? Habe ich immer noch Ausreden? Wann werde ich in mein *ursprüngliches Gesicht* schauen?

15

DIE ZWEITE EDLE WAHRHEIT
Der Ursprung von Dukkha

Der Ursprung von Dukkha ist *Begierde:*
- nach angenehmen Sinnesbefriedigungen, verbunden mit der Ablehnung der unangenehmen Sinnesempfindungen
- jemand zu sein in diesem oder im nächsten Leben
- niemand zu sein in diesem oder im nächsten Leben

Man könnte sagen, *Begierden* sind verrückt gewordene Bedürfnisse.

Bedürfnisse sind ein wichtiger und wesentlicher Bestandteil unseres normalen Daseins. Aber wir sind vergnügungssüchtige Geschöpfe und *Begierden* verleiten uns dazu, vollkommen selbstsüchtige Verhaltensformen anzunehmen. Aus *Begierden* kann niemand einen Nutzen ziehen; sie manifestieren «mich» im schlechtesten Sinne. Sie trennen «mich» von der Welt, von anderen Lebewesen, vom ursprünglichen Selbst. *Begierde* führt zum Anhaften. Wenn man an jemandem oder an etwas anhaftet, dann wird man ganz und gar ruderlos. Man wird zur Marionette. Man hat als Mensch abgedankt.

Sinnesbefriedigung ist ein normales Verlangen und, in einem gewissen Sinne, eine Notwendigkeit für unser Leben. Würden wir essen oder trinken, wenn das, was wir essen oder trinken, keinen Geschmack hätte oder Magenschmerzen oder Schlimmeres verursachen würde? Würden wir uns fortpflanzen, wenn der Akt der Fortpflanzung nicht seine zarten Momente beinhalten würde? Würden wir uns an einem Sonnenuntergang erfreuen, wenn unsere Augäpfel dabei verbrannt würden? Würden wir an einer Rose riechen wollen, wenn ihr Geruch unsere Nasen kitzeln und die Augen brennen würde? Würden wir Gedichte lesen oder Mathematik studieren?

Wann wird aus einem Bedürfnis Begierde? Intuitiv kennt man die Antwort auf diese Frage vermutlich recht gut. Das Problem liegt darin, dass man diese Frage nicht für sich selbst beantworten will. Wer oder was ist entscheidend für «mich», dass der Genuss eines Stücks Schokolade zur Einladung wird, die ganze Tafel zu vertilgen? Wer «will», dass das zweite Stück Schokolade unverzüglich in meinen Mund gelangt? Dieses *Wollen,* dieses willentliche Handeln, ist ein Denkprozess, durch den man sich einem bestimmten Verhaltensablauf überlässt; in diesem Fall dem Verschlingen der ganzen Schokolade. Es geschieht nicht «aus Versehen»; es geschieht mit Absicht. Man aktiviert die «mentalen Muskeln» zu einem bestimmten Zweck. Das heisst, das Ich ist voll engagiert. Das Universum ist nun auf den Radius von «mir» reduziert. Das bedeutet, dass ich, zum x-ten Mal heute, aus der «Welt-wie-sie-ist» herausgetreten bin in eine «Welt-wie-ich-sie-haben-will».

Begierde ist nicht auf die körperlichen Sinne beschränkt. Begierde kann auch eine geistige Dimension haben, denn der Geist gilt im Buddhismus als einer der Sinne. Diese geistige Dimension manifestiert sich u.a. als unser Bedürfnis, jemand oder etwas «zu sein oder nicht zu sein».

Wie wäre es, wenn man z.B. ein Doktor der Medizin wäre, aber «Klempner der Medizin» genannt würde? Und was wäre, wenn der Klempner stattdessen «Doktor» genannt würde? Würde das die Qualität der medizinischen Behandlung beeinflussen? Würde es die Qualität der sanitären Installation beeinflussen? Der Wunsch, sich in der Kunst des Heilens oder der Kunst des Installierens auszuzeichnen, ist das Eine. Der Wunsch, sich mit den gesellschaftlichen oder ideellen Auszeichnungen, die man mit den Begriffen «Doktor» oder «Klempner» verbindet, zu schmücken, ist etwas ganz anderes, nicht wahr? Die Kunst des Heilens zu beherrschen, sei es von Menschen oder von sanitären Installationen, beruht auf faktischem Wissen und ist nicht vom Ego befleckt. Ob man mit «Doktor» oder «Klempner» glänzen kann, ist weitgehend abhängig davon, was die Gesellschaft mit den Worten «Doktor» und «Klempner» verbindet. Man überprüfe die eigene Reaktion auf diese Worte. Welche persönliche Beziehung hat man zu ihnen? Wer wird man, wenn man als «Doktor» angesprochen wird oder als «Professor» oder als «Euer Ehren» oder was auch immer? Wer wird man, wenn man jemandem vorgestellt wird mit einem Titel vor dessen Namen? Prädikate wie Meister, Doktor, Professor etc. sind «Stoff» für die Egos. Egos brauchen immer höhere Dosen an «Stoff», um zu überleben und auf der Höhe zu bleiben.

In dieser Angelegenheit prallen Tatsachen und Fantasien oft zusammen. Der Wunsch, ein Heiler zu sein, kommt in Konflikt mit dem Wunsch, dem Lebensstil eines Arztes nachzueifern. Vor lauter Wald sieht man den Baum nicht, ganz ähnlich wie ein Mönch in der folgenden Geschichte:

> Zwei Mönche waren zusammen unterwegs auf einer schlammigen Strasse. Es regnete in Strömen.
>
> Nach einer Wegbiegung trafen sie auf eine liebliche junge Frau, die nicht in der Lage war, die mit Schlamm überschwemmte Strassenkreuzung zu überqueren.
>
> Der Ältere der beiden Mönche hob die Frau kurzerhand hoch und trug sie über die Strasse. Auf der anderen Seite setzte er sie wieder ab. Danach

gingen die Mönche und die Frau ihre getrennten Wege.

Der Jüngere der beiden Mönche beobachtete das Tun seines Weggefährten, ohne etwas zu sagen. Er schwieg den ganzen restlichen Tag, bis sie ihr Nachtquartier erreicht hatten. Dann konnte er nicht länger an sich halten und bemerkte zum älteren Mönch: «Wir Mönche dürfen keine Frauen anfassen. Das ist gefährlich. Warum hast du das getan?»

Der Ältere antwortete: «Ich habe die Frau an jener Strassenkreuzung zurückgelassen, aber du, trägst du sie noch immer in deinen Armen?»

Wie oft finde wir uns in ähnlichen Situationen wie dieser junge Mönch, dem das *Mönch-Sein* wichtiger war als das *im-Moment-Sein?* Der junge Mann identifizierte sich mit den Emblemen des Mönch-Seins, genau so, wie wir uns mit den Emblemen von Doktor, Klempner, Vater, Mutter, Ehefrau, Ehemann identifizieren. Man handelt in einer bestimmten Situation so, wie man meint, als Herr oder Frau So-und-So handeln zu müssen, statt mit Verstand und Sachlichkeit. Dieses *Begehren,* etwas zu sein oder nicht zu sein, dieses unkontrollierte Verlangen, ist karmisches Gift.

> Karma ist zu einem Wort geworden, das jedermann nach eigenem Gutdünken einsetzt. Es gibt gutes Karma. Es gibt schlechtes Karma. Ich gewinne die Lotterie und schreibe dies meinem guten Karma zu. Du gewinnst die Lotterie und ich schreibe dies meinem guten Karma und deinem schlechten Karma zu. Es ist schlecht für dich, weil die Gewinne dich dazu bringen werden, mehr schlechtes Karma zu schaffen. Es ist gut für mich, weil mir die Möglichkeit, schlechtes Karma zu schaffen, nicht gegeben ist.
>
> Karma ist weder gut noch schlecht. Wir machen diese Unterscheidung im Glauben, wir «wüssten» etwas, aber unser «Wissen» ist bloss eine Manifestation unserer Unwissenheit.

Karma ist Ursache und Wirkung. Karma ist: Man erntet, was man sät.

Karma entsteht als Resultat einer *willentlichen Tat,* einer Tat mit Absicht. Eine absichtsvolle Tat ist eine Manifestation unseres «limitierten» Bewusstseins. Es ist eine Handlung (in Gedanken, Worten oder Taten), die zum eigenen Vorteil ausgeführt wird. Sie schliesst eher aus als ein. Sie schliesst aus, weil sie ein Ausdruck von «ich» und «mir» ist, und «ich» schliesst andere per Definition aus. Deshalb handelt es sich um eine Tat, die nicht im Einklang steht mit dem kosmischen Gesetz, denn das kosmische Gesetz schliesst nichts aus.

> «Wenn ein Mensch mit einem üblen Gedanken spricht oder handelt, folgt ihm Leiden, so wie das Rad dem Fuss des Ochsen folgt, der den Wagen zieht.
>
> Wenn ein Mensch mit einem reinen Gedanken spricht oder handelt, folgt ihm Glück, so wie ein Schatten, der ihn niemals verlässt.
>
> ‹Er hat mich missbraucht, er hat mich geschlagen, er hat mich erniedrigt›, — wer solche Gedanken hegt, in dem wird Hass niemals enden.
>
> ‹Er hat mich missbraucht, er hat mich geschlagen, er hat mich erniedrigt›, — wer solche Gedanken nicht hegt, in dem wird Hass enden.
>
> Hass wird niemals durch Hass beendet:
> Hass endet durch Liebe;
> das ist ein uraltes Gesetz.»
> - *Dhammapada:* «Die Paare» nach M. Müller

Jeder Willensakt ist ein Ausdruck von: «Ich will es so, wie ich es will» und diese eigenwillige Tat vergrössert den karmischen Misthaufen unweigerlich.

Als «Ich» sieht man die Wirklichkeit aus einer äusserst engen, zersplitterten und egozentrischen Perspektive. Man schafft ein heilloses Durcheinander in der Welt um sich herum, bloss weil man den eigenen Willen durchsetzen will — und zwar immer.

Wenn man in Zorn ausbricht, ist man dann gewahr, wie viele Hektaren psychologische Landschaft man mit diesem Zorn vergiftet? Wenn man mit Absicht einen öffentlichen Verkehrsbetrieb um den Fahrpreis betrügt, ermisst man dann die schädlichen Auswirkungen, die man in Gang setzt? Wenn man einen der zahlreichen Freunde in den sozialen Medien schmäht, kennt man dann das Ausmass der Verletzungen, die man verursacht?

Selbst wenn man das Gift des Zorns nicht unter Freunden verspritzt, selbst wenn man die Fahrkosten im Bus bezahlt, man hat trotzdem Karma geschaffen, nur durch die Gedanken, die mit diesen, wenn auch unterlassenen, Taten verbunden sind. Denn man hat diese Taten gewollt, allein dadurch, dass man sie im Denken erwogen hat. Weil man dem «was ist» einen eigenen Zweck überstülpt hat, wurde Karma kreiert.

Solche Verhaltensformen wurzeln in unserem Selbstbild; in der Vorstellung von «ich» und «mein». Hat jemand eine Idee, wie man diesen Schlamassel beseitigen kann? Denkt man, sich für den eigenen Ärger zu entschuldigen werde es bewerkstelligen? Denkt man, das Karma werde aufgelöst, wenn man dem Verkehrsbetrieb eine anonyme Spende zukommen lässt, oder dem Freund in den sozialen Medien eine Schachtel Pralinen? Mit dem selbstsüchtigen, absichtsvollen, eigenwilligen Verhalten hat man die Schwingung des Universums verändert. Denkt man, eine Schachtel Schokolade werde dies wieder richten?

> Man liebt Tiere. Man spendet regelmässig Geld für die diversen Tierheime. Man ist sehr stolz darauf, diese Heime zu unterstützen. Man lobt sich selbst: «Das ist eine gute Tat. Ich mache etwas Wertvolles.» Man fühlt sich bestätigt darin, ein «guter» Mensch zu sein. Das Spenden hat einen grossen Wohlfühl-Faktor. Leider ist es auch eine Karma produzierende Tat. Weshalb?

Die diversen Befriedigungen, die man beim Gedanken an die eigene Wohltätigkeit hat, wie «Das ist eine gute Tat, ich tue etwas Wertvolles», sind der Haken. Es geht nicht wirklich um die Tiere, oder? Es geht um mich: «Schau mich an!», sagt man zu sich selbst, «Schau, welch anständige Person ich bin.» Selbst wenn man diese Meinung mit niemandem ausser mit sich selbst teilt, man hat der Sammlung an karmischem Gepäck ein weiteres Stück beigefügt. Man sollte sich der eigenen Intentionen, des eigenen Zweckdenkens immer gewahr sein. Leider ist aber fast immer der «Autopilot» eingestellt. Man hat meist keine Ahnung, dass viele «guten Taten» selbstsüchtigen Motiven entstammen.

Warum spendet man nicht einfach das Geld und vergisst die ganze Angelegenheit? Ist es nötig, mit dieser Tat das Selbstbild eines «guten Menschen» aufzupolieren? Wozu machen wir das? Was suchen wir? Was ist unsere *Begierde*?

16

DIE DRITTE EDLE WAHRHEIT
Das Beenden von Dukkha

«Gib dein Verlangen auf», sagt er lächelnd zu mir,
«mach Schluss damit!»
«Sag das denen, die abhängig sind vom Rauchen, Trinken, Essen, Sex, sozialen Netzwerk, ihrem Glaubenssystem, ihren Finanzspekulationen, ihrem Streben nach Erleuchtung oder von den unzähligen anderen nutzlosen Unternehmungen, die unserer Gesellschaft heilig sind», entgegne ich ihm.
«Durchschneide einfach das Seil», fährt er unbeirrt fort.
«Du bist verrückt», sage ich, ein wenig hysterisch lachend.

Um *Dukkha* zu beenden, muss man die *Begierden* beenden.

Es ist ein langer Weg zur Buddhaschaft und ich bin eben mal nur gegen die erste der vielen Wänden angerannt, die auf dieser Reise aufgestellt sind. Bis jetzt war es Spiel und Spass gewesen, über *Dukkha* mit seinen Ursachen und Wirkungen zu lesen, nun aber muss ich handeln. Und genau da fange ich an, mich selber kennenzulernen. Genau da beginnen die Schutzwände, die ich im Laufe meines Lebens um mich herum aufgerichtet habe, zu wackeln und zu beben; die Bruchlinien kommen zum Vorschein und bald werde ich feststellen, dass mein Selbst nur ein Hirngespinst ist, eine Fata Morgana; und was mache ich dann?

Mach' gar nichts. Lass die Wände fallen, wohin sie fallen mögen. Du wirst neue bauen, um die alten zu ersetzen. So funktioniert der Mensch. Beobachte, wie das vor sich geht. Sei der dauernden Veränderungen des auf Sand gebauten Selbst gewahr. Habe keine Erwartungen, was geschehen soll, aber du kannst sicher sein, dass Veränderungen stattfinden werden. Schau nicht zurück. Wenn man zurückschaut, belebt man bloss das, was man glaubt, hinter sich gelassen zu haben. Man verstärkt das Vergangene. Dies ist ein alter Trick des Denkens und man fällt sehr oft darauf herein. Es geht aber um das *restlose* Verblühen und Beenden des Begehrens. Das Schlüsselwort hier heisst *restlos, ohne Überbleibsel*, mit anderen Worten, Karma-neutral – frei von Ursache und Wirkung. *Rest-los* ist nur, was man im Abfallkorb belässt. Wenn man sagt: «Gott sei Dank, ich bin es los», ist man es nicht los.

Gibt es überhaupt irgendeine Tat, die *ohne Rest* ist? Gibt es irgendeine Erfahrung, die keine Spur hinterlässt, keinen Nachklang, keine Erinnerung? Man katalogisiert doch automatisch alles in der Erinnerungsbank. Das ist die Funktionsweise unseres Gehirns. Es zeichnet rohe Sinnesimpulse auf und der Geist ordnet diesen Impulsen bestimmte *Bedeutungen* zu in Abhängigkeit unserer aktiven Willenstendenzen. Diese *Bedeutung* manifestiert sich als Ideen, Meinungen, Philosophien, Glaubensformen, Abneigungen und Vorlieben in Bezug auf alles und jedes, das unter der Sonne existiert. Wenn einige dieser *Bedeutungen* das entscheidende Mass an Wohlgefühl erreichen, das heisst, wenn sie uns mehr Vergnügen, mehr Befriedigung bringen als andere, dann werden sie zu Begierden; *aus dem Ruder gelaufene Bedürfnisse.*

Grob gesagt haben wir Menschen ein faktisches Gedächtnis und ein vom Ego unterstütztes psychologisches Gedächtnis. Die beiden sind nicht zu trennen. Sie sind ineinander verschlungent wie die Spaghetti in einem Topf. Das faktische Gedächtnis enthält «Dinge», die man erinnern muss, damit man auf diesem Planeten überleben kann, wie z.B. 1+1=2. Das psychologische Gedächtnis enthält «Dinge», wie z.B. die Erinnerung an den Mathematiklehrer, der mir das Rechnen beigebracht hatte. Er war ein Tyrann/netter Mensch und der Gedanke an ihn macht mich noch immer zornig/froh.

Unser Gemüt ist voller solcher «*Überbleibsel*», die einen daran erinnern, wer man zu sein glaubt. Jedes ist Teil dessen, was man als «Ich» bezeichnet; und jedes ist ein Ziegelstein in der Wand, die einen daran hindert, die Wirklichkeit, die direkt hinter der Wand ist, zu «sehen». Warum ist es wichtig, an einer Bagatelle festzuhalten über einen Lehrer, der womöglich längst zu Kalkstaub geworden ist? Warum hat dieser Mann noch immer die Kontrolle über mich von jenseits seines Grabes? Was ist wichtig in diesem Fall: die Botschaft (1+1=2) oder der Botschafter (der Mathematiklehrer)?

Man kann die *Willenstendenzen* nicht «willentlich» auslöschen, denn mit dem «Wollen» verstärkt man die *Willenstendenzen* bloss. Sie müssen absterben, um *Rest-los* zu sein. Damit etwas absterben kann, soll es weder gefüttert noch ausgehungert werden. Lass es einfach los, wende dich davon ab und kehre nicht zurück, um zu sehen, ob es fort ist oder nicht! Gehe einfach weiter. Wisse «1+1=2» und gib das ganze dazugehörige Drama auf.

> Man sieht eine schöne Frühlingsblume. Und was tut man? Man sucht nach ihrem Namen im eigenen Gedächtnis. Zeit vergeht. Die Suchfunktion im inneren Google-System holt einen Namen hervor, aber man ist nicht sicher, ob es der richtige ist; Zeit vergeht. Nun beginnt man sich zu schämen dafür, dass man den Namen einer Blume nicht mehr weiss; Zeit vergeht. Man betrachtet nicht mehr die Blume. Womöglich hat man sich längst davon abgewendet. Aber das Gehirn fährt fort, an der Identität der Blume zu arbeiten und sucht nach Entschuldigungen für die offensichtliche Dummheit, die einen den Namen der Blume vergessen liess. Warum erachtet man sich selbst für dumm, bloss weil man sich nicht an den Namen einer Blume erinnern kann? Was macht diese «offensichtliche Dummheit» mit dem Bild, das man von sich als «Blumen-Namen-Kenner» hat?
>
> Der Überrest dieses erfolglosen Blumen-Benennen-Spiels steckt nun im Gehirn fest. Er wird ein wenig modifiziert ins Selbstbild eingebaut. Man findet Entschuldigungen für das

fehlerhafte Gedächtnis; gibt äusseren Umständen der einen oder anderen Art die Schuld; oder man versucht die Erfahrung in einem unterbewussten Abfalleimer zu vergraben; oder man schreibt sich ein für einen Kurs in «Blumen-Benennen für Blumennamen-Vergessende».

Wie dem auch sei, man fragt sich jedenfalls nie: «Wozu brauche ich den Namen der Blume zu wissen? Warum schaue ich die Blume nicht einfach an?» Man durchschaut das Spiel nie als das, was es ist: das *Begehren*, jemand zu sein — vielleicht ein Experte der Botanik, auf gar keinen Fall jedoch ein Dummkopf.

Solange man dieses Blumen-Benennen-Ereignis nicht als ein Beispiel sehen kann für die allgegenwärtigen Denkmuster, als ein Beispiel für das mentale Geschwafel, in das man ständig verwickelt ist, als ein Beispiel für das sich tagein und tagaus abspielende mentale Innenleben, solange ist man zu *Dukkha* verdammt.

Erst wenn man beginnt, darauf zu achten, was sich in und um einen herum abspielt, ohne sich eine Meinung darüber zu bilden, ohne ein Werturteil zu fällen, ohne Schlüsse zu ziehen, erst dann wird man den Zustand von *Dukkha* überwinden können. Niemand kümmert sich um deine Meinungen, warum musst du es tun?

Der Lauf der Dinge will es, dass wir alle, Experten und Dummköpfe, letztendlich am selben Ort enden. Gäbe es nicht Wichtigeres zu tun im Leben, als diesen Banalitäten nachzujagen? Diese ständige Pflege unserer illusorischen Egos ist eine Sackgasse, im buchstäblichen wie im übertragenen Sinn.

Sei öfter still; weile häufiger in passivem Gewahrsein; bleibe mehr für dich allein, in Meditation. Nimm dir mehr Zeit, das Affentheater in deinem Kopf zu beobachten, jedoch ohne es zu manipulieren. Mit der Zeit wird es zerfallen, und zwar *restlos*.

17

DIE VIERTE EDLE WAHRHEIT
Weg zur Befreiung von Dukkha

Die Überlieferung berichtet, dass der Buddha, als er *tief in Prajñāpāramitā versunken* war, einen alten Pfad «sah». Ein Weg, der schon von vielen Buddhas aller Zeiten begangen worden sei. Dieser schmale Weg hat einen Namen; er heisst *Der Edle Achtfache Pfad*. Es ist der *Pfad zur Befreiung von Dukkha*. Er besteht aus folgenden Elementen:

Rechte Sicht
Rechter Vorsatz
Rechtes Reden
Rechtes Handeln
Rechter Lebensunterhalt
Rechtes Bemühen
Rechte Achtsamkeit
Rechte Meditation

Die acht Elemente beginnen mit dem Wort «recht», was übersetzt werden kann als *geschickt, weise* oder *heilsam*.

Auch wenn er der *Achtfache Pfad* genannt wird, es ist nur *ein* Pfad mit acht namentlich genannten Komponenten. Man kann dies mit einem verseilten Kabel vergleichen, dessen einzelne Kupferstränge in einer Isolationshülle zusammengebunden sind. Das ganze Drahtbündel gilt als *ein* elektrischer Pfad. Alle Stränge des *Achtfachen Pfades* laufen parallel zueinander, sind im Kontakt miteinander, unterstützen sich gegenseitig und sind voneinander abhängig, aber nicht hierarchisch geordnet.

Auch wenn er der *Achtfache Edle Pfad* genannt wird, es ist kein *Pfad*. Es gibt keinen Anfang und kein Ende. Er fängt nicht «hier» an und endet «dort». Jedes Element dient als eine Leitlinie und nicht als Ziel. Die Elemente spielen alle simultan zusammen, aber nicht unbedingt im gleichen Ausmass. Unsere Unwissenheit, der Mangel an Einsicht und die damit verbundenen Gewohnheiten leisten einen Widerstand. Zu Beginn sind einige Elemente leichter zugänglich als andere. Man kann dies bei sich selbst beobachten, sobald man sein Leben nach dem *Achtfachen Pfad* auszurichten beginnt.

Rechte Sicht, zum Beispiel, hat zu tun mit der Weisheit, die Dinge so zu sehen, wie sie sind. Die Dinge so zu sehen, wie sie sind, setzt ein Verständnis der *Vier Edlen Wahrheiten* voraus. Um die *Vier Edlen Wahrheiten* wirklich zu verstehen, muss man die *Vier Edlen Wahrheiten* selbst erleben. Das ist eine Angelegenheit der Erkenntnis. Um diese Erkenntnis zu fördern, braucht es *Rechtes Bemühen*, *Rechte Achtsamkeit* und *Rechte Meditation*. Diese drei Elemente bereiten den Geist vor für die tiefe Einsicht in die Natur dessen, «was ist». *Rechte Sicht* wird ausserdem unterstützt durch *Rechtes Reden* und *Rechten Lebensunterhalt*. *Rechtes Reden* und *Rechter Lebensunterhalt* hemmen, zum Beispiel, das Töten, sei es durch Worte, Gedanken oder Taten und helfen dadurch, Leiden zu vermindern. Mit zunehmender *Rechter Sicht* entfalten sich auch die anderen sieben Elemente des *Achtfachen Pfades*.

Die Elemente klingen zusammen wie die Noten einer Symphonie. Sie tanzen zusammen wie die Leuchtkäfer in einer warmen Sommernacht. Sie spiegeln und widerspiegeln sich wie die Diamanten in Indras Netz. Der *Edle Achtfache Pfad* ist der Ausdruck eines uralten Gesetzes. Er gründet auf der Wahrheit von «was ist, wie es ist» und nicht auf «was ist, wie ich es haben möchte».

«Wahrheit ist ein wegloses Land.» - J. Krishnamurti

Der Buddha sagte, durch das Begehen dieses *Pfades der Befreiung* sei er direkt zur Erkenntnis dessen gekommen, was heute als *Die Lehre des bedingten Entstehens* bekannt ist, und er ruft uns dazu auf, dasselbe zu tun. Warum zögern wir? Warum sperren wir uns?

Es gibt eine Geschichte mit dem Titel *Die Parabel vom vergifteten Pfeil*. Sie handelt vom Problem, das wir Sterblichen damit haben, uns mit der im Augenblick anfallenden Sachlage zu befassen, statt, ungleich dem Buddha, in spekulative Gefilde abzuschweifen und unnötige Fragen zu stellen. Die Geschichte lautet in etwa so:

Ein Mönch namens Malunkyaputta schien nicht zufrieden zu sein mit dem, was der Buddha lehrte. Eines Tage, als er ganz besonders von sich selbst eingenommen war, forderte er den Buddha heraus mit der Ankündigung, dass er, Malunkyaputta, die Sangha verlassen und sich einen anderen Lehrer suchen werde, wenn der Buddha ihm nicht die Antworten auf eine Reihe philosophischer Fragen (die er alle aufzählte) gebe. Malunkyaputta hatte den Fehdehandschuh hingeworfen, doch der Buddha entwaffnete ihn kurzerhand. Er erinnerte Malunkyaputta nicht nur daran, dass er, der Buddha, nie behauptet habe, Antworten auf derartige Fragen zu geben, er machte auch deutlich, dass solche Fragen absolut wertlos seien für die Erkenntnis der *Vier Edlen Wahrheiten*.

Als Beispiel erzählte der Buddha folgende Geschichte von einem Mann, der im Kampf von einem vergifteten Pfeil getroffen wurde:

Die Freunde eines verwundeten Kriegers brachten diesen rasch zu einem Arzt, um die Wunde behandeln zu lassen. Der Krieger jedoch verweigerte jede Behandlung, er wollte zuerst alles wissen, was es zu wissen gab über den Feind, der ihn angeschossen hatte: War er von edler Geburt? War er gläubig oder ein Ketzer? Wie lauteten sein Name und der Name seines Stammes und seiner Familie? War er jung oder alt? Als nächstes wollte er alles wissen über den Pfeil, der ihn getroffen hatte: Wie war er beschaffen, aus welchem Holz und mit welchem Gift getränkt? Es nahm kein Ende. Seine Freunde flehten ihn an, aufzuhören Fragen zu stellen und dem Arzt zu erlauben, die Wunde zu behandeln. Er hörte nicht auf sie. Er fuhr fort, unnütze Fragen zu stellen. Schlussendlich starb er, ohne etwas gelernt zu haben.

Es heisst, Malunkyaputta habe die Botschaft begriffen und sei in der Sangha geblieben.

Die Moral von der Geschichte? Setzt die Prioritäten richtig! Hört auf mit Spekulationen! Das Problem heisst *Dukkha*. Löst es!

Möchten Sie wissen, welche Art Fragen Malunkyaputta dem Buddha gestellt hatte? Hier ist eine kleine Auswahl aus einer langen Liste:

1. Ist die Welt ewig ... oder nicht?
2. Ist die Welt endlich ... oder nicht?
3. Ist das Selbst mit dem Körper identisch ... oder nicht?
4. Existiert der Buddha nach dem Tod ... oder nicht?
(Haben Sie eigene Fragen, die Sie zufügen möchten?)

Ein möglicher Weg, den acht Elementen des *Edlen Achtfachen Pfades* näherzukommen, wäre es, diesen als Sinnbild für eine «Strassenkarte des Lebens» zu betrachten. Wenn man die acht Elemente auf den eigenen Lebensweg überträgt, bekommt man eine recht gute Idee davon, wie das Leben geführt werden sollte, um vom imaginären Hier ins imaginäre Dort zu gelangen. Durch weise Anwendung der Elemente des *Achtfachen Pfades* kann man, theoretisch, die Kette des *Bedingten Entstehens* an ihrer am besten zugänglichen Stelle durchbrechen – bei der *Begierde!*

> «Unsere Leidenschaften sind extravagant und ausschweifend; in Sinneslust versunken, nach immer mehr verlangend, durchleben wir Geburt und Tod.
>
> Von Begierden getriebene Menschen rennen wie gefangene Kaninchen umher; gefesselt und gebunden erfahren sie langes Leiden – immer wieder neu.
>
> Weise Menschen erachten nicht das als starke Fesseln, was aus Eisen, Holz oder Hanf gefertigt ist, sondern das Entzücken an kostbarem Besitz.
>
> Die Fesseln, die die Weisen als stark bezeichnen und die einen niederziehen, sind dehnbar, aber schwer zu lösen. Wer sie durchschneidet, entkommt endlich der Welt, frei von Sorgen lässt er die Begierden hinter sich.»

- *Dhammapada:* «Durst», nach M. Müller

18

ALLES ZUSAMMENFÜGEN
Das Herz-Sutra Vers für Vers

Jetzt ist es an der Zeit, die vielfältigen und diversen Gedankenstränge, die in den siebzehn vorangegangenen Kapiteln dargelegt wurden, zusammenzufügen. Wir sind ziemlich früh vom erklärten Ziel abgewichen, das *Herz-Sutra* zu besprechen. Stattdessen wurden einige buddhistische Konzepte behandelt, die im *Herz-Sutra* zum Ausdruck kommen und dessen Grundlage bilden.

Ausserdem wurden neue Worte eingeführt mit den, hoffentlich, ausreichenden Erklärungen ihrer Bedeutung im Kontext, in dem sie benutzt werden. Einige geläufige Begriffe benötigten eine Neu-Definition im Zusammenhang mit dem diskutierten Text (z.B. leer und Leerheit), weil das ursprüngliche *Herz-Sutra* nicht in der deutschen oder englischen Sprache verfasst worden war. Die in diesem Buch besprochenen Begriffe stammt aus dem Sanskrit.

> Die älteste erhaltene Niederschrift des *Herz-Sutra* ist eine auf Palmblätter geschriebene Kopie in der chinesischen Zeichenschrift. Sie wurde im Horyuji Tempel in Japan gefunden und datiert auf das Jahr 609 n. Ch.

> Da in der chinesischen Bilderschrift jedes Schriftzeichen ein Symbol für eine Idee darstellt, waren die Gelehrten, die diese Zeichen in «Buchstaben-Sprachen» übersetzten, zwangsläufig durch die diesen Sprachen innewohnenden Grenzen limitiert. Die sprachlichen Übertragungen von einer Sprache in die andere sind also keine blossen Wort-für-Wort Übersetzungen.

> Es ist bekannt, dass auch viele der Ideen, die in Sanskrit zum Ausdruck kommen, in westlichen Sprachen (z.B. Englisch, Deutsch) keine Entsprechungen haben. Das indische Denken entwickelte Ausdrücke für Sachverhalte, die eher im geistigen

Bereich liegen, während das westliche Denken hauptsächlich auf das Materielle ausgerichtet ist.

Worte sind nicht genau. Worte haben nicht nur eine Bedeutung. Sie tragen eine Patina aus Zeit, Kultur, Glaubenssystemen, Politik und vielen anderen Faktoren.

Selbst wenn die ursprüngliche Sprache des *Herz-Sutra* Deutsch wäre, müsste die Bedeutung der Worte, die vor über 1400 Jahren geschrieben wurden, genau untersucht werden. Denn auch Sprachen verändern sich mit der Zeit. So lauten zum Beispiel die ersten drei Zeilen des bekannten «Vater unser …» im Mittelalter folgendermassen:
>Fater unseer
>thu pist in himile,
>uuihi namun dinan.

Um das dem *Herz-Sutra* zugrundeliegende Gedankengut adäquat zu präsentieren, war es nötig, Buddhas Lehren des *bedingten Entstehens*, der *Vier Edlen Wahrheiten* und des *Edlen Achtfachen Pfades* vorzustellen. Dabei kamen die Worte des neu erworbenen Vokabulars zur Anwendung.

Da das buddhistische Gedankengut nicht einfach vom Himmel gefallen ist, war es auch nötig, etwas über seinen Ursprung aufzuzeigen. Dieser Abstecher machte uns ein wenig bekannt mit Shakyamuni Buddha, Avalokiteshvara, Shariputra und einigen anderen, wenn auch weniger wichtigen, Protagonisten in dieser Geschichte des *Herz-Sutra*.

Im Fall von Buddha und Avalokiteshvara wurde versucht, dem Leser eine Beschreibung, eine Art «Wortbild» des tiefen Meditationszustandes zu übermitteln, aus dem ihre profunden Einsichten hervortraten.

Du sitzt in einer entspannten Haltung. Dein Körper ist im Gleichgewicht; die Wirbelsäule aufrecht. Er neigt sich weder nach vorne noch nach hinten oder zur Seite. Du atmest durch die Nase ein und aus, mit einem natürlichen Rhythmus und Atemvolumen. Die Hände liegen unverkrampft in deinem Schoss. Der Blick ruht «locker» auf dem Boden vor dir. Das Gesicht ist weich. Es gibt keine Sorgenfalten zwischen den Brauen und keine Spannung in den Gesichts- oder Nackenmuskeln. Du richtest deinen mentalen Focus, ohne die äussere Haltung zu verändern, auf den Ein- und Ausatem. Du begleitest den Atem mental, ohne etwas daran verändern zu wollen. Die mentale Beobachtung beinhaltet die Wahrnehmung der körperlichen Atembewegung und des eventuell hörbaren inneren Atemgeräuschs. Du konzentrierst dich nicht willentlich auf die Observierung des Atems. Du schaust einfach als ein beiläufiger Zuschauer zu. Nach einer Weile stellst du nebenbei fest, dass die Augen ihren Focus verloren haben. Der Boden ist nicht mehr der Boden. Es sei denn, du «willst» den Boden wieder herstellen. (Interessant! Es wird nur dann ein Boden, wenn man ihn bei diesem Namen nennt.) Das innere Atemgeräusch wird allmählich schwächer. Du bleibst gelassen, ohne Panik. Und fährst mit dem Zuschauen fort. Du registrierst, dass der taktile Sinn, der die Dimensionen deines Körpers bestimmt, d.h. den «Raum, den du einnimmst», wegfällt. Du erfährst eine Art «Offenheit». Diese Empfindung verbreitet sich über den ganzen Körper. Du hast das Gefühl, dich auszudehnen, nicht weil der Körper grösser wird, sondern feiner, durchlässiger, hauchdünn; es ist, als ob seine Begrenzungen wegfielen.

Du schaust einfach zu. Du spürst noch immer deinen Atem als eine körperliche Bewegung, aber selbst diese Empfindung wird weniger und weniger. Du bleibst dabei und dann, irgendwann im Laufe des Geschehens, fällt auch das weg. Der Zuschauer ist weg. Denker und Denken sind nicht mehr da. Wo bist du jetzt? Eine unmögliche Frage, nicht wahr? Sie setzt ein «du» voraus. Gibt es ein «du», wenn der Beobachter weg ist?

Deine Augen zwinkern, und du bemerkst das Zwinkern. Du spürst deinen Atem, bist deiner selbst wieder gewahr. Du schaust auf die Uhr und stellst fest, dass eine nicht zu bestimmende Zeitspanne vergangen ist, seit du dich hingesetzt hast. Wo ging die Zeit hin? Du hattest kein Zeitgefühl; du warst ohnehin nicht daran interessiert. Gibt es irgendwelche Worte, mit denen du anderen etwas über deine «Abwesenheit» sagen möchtest?

Es wurde auch darüber gesprochen, dass alle Worte, mit denen Avalokiteshvara seine Erfahrung von *Prajñāpāramitā,* dem Zustand der vollkommenen, transzendenten Weisheit auszudrücken versuchte, zwangsläufig unzulänglich waren. Er musste Worte gebrauchen, um seine Erkenntnis an Menschen zu übermitteln, die keine Erfahrung von *Prajñāpāramitā* hatten. Er benutze die besten Worte, die ihm zur Verfügung standen in Anlehnung von Buddhas Lehren des *bedingten Entstehens,* der *Vier Edlen Wahrheite*n und des *Edlen Achtfachen Pfades.*

Lasst uns nun das *Herz-Sutra* auf dem Hintergrund der erarbeiteten Kenntnisse in Bezug auf die Konzepte des einzigartigen buddhistischen Denkens betrachten.

«*Der Bodhisattva Avalokiteshvara, tief in Prajñāpāramitā versunken ...*»

Das Wort *Prajñāpāramitā* ist in westlichen Sprachen schwer zu definieren. Im Sanskrit gilt: *Prajñā* = Weisheit und *Pāramitā* = vollendet, vervollkommnet. Der Bodhisattva war *tief versunken* in einem Zustand *vollkommener Weisheit.* «*Tief versunken*» heisst, sein Geist war wach und aufmerksam; er war nicht in einer Trance, aber ausserhalb der Gedankenwelt.

....

« *... sah deutlich, dass die Fünf Skandhas leer sind und überwand dadurch alle Unwissenheit.*»

Im diesem Zustand vollkommener Weisheit kann «*deutlich sehen*» gleichgesetzt werden mit *verstehen*. Der Bodhisattva verstand, dass Skandhas nur auf Grund von Bedingungen existieren; d.h. sie sind leer; sie haben keinen Kern; sie sind unbeständig. *Unwissenheit* ist unser Nicht-Verstehen dieses leere Wesens der *Fünf Skandhas.* Wenn wir wahrhaftig verstehen, dass die *Fünf Skandhas* bedingt sind, ist *Unwissen*heit überwunden

Im gegenwärtigen Zustand der *Unwissenheit,* dem Zustand nicht-vollkommener Weisheit, halten wir die *Skandhas* für konkret existierend. Für uns haben sie deshalb die Eigenschaft von nicht-leer.

«Lebendig gefressen
von Flöhen und Läusen
— neben meinem Kopfkissen pinkelt das Pferd.»
Haiku-Meister Matsuo Basho

....

«O Shariputra, Form ist nichts anderes als Leere, Leere ist nichts anderes als Form. Form ist identisch mit Leere, Leere ist identisch mit Form.»

Der Bodhisattva erklärt nun Shariputra, dass Form nichts anderes ist als die absolute Wirklichkeit, d.h. nichts anderes als *Leere*. Wenn Form etwas anderes wäre als *Leere,* dann hiesse das, dass die absolute Wirklichkeit nicht absolut ist. Dann fügt er hinzu, *Leere ist nichts anderes als Form*. Tatsächlich sieht man im Zustand der Unwissenheit die absolute Wirklichkeit (*Leere*) als Form. *Form* und *Leere* sind genau dasselbe; es hängt alles von der Perspektive ab. Aus der Perspektive der *vollkommenen Weisheit* sieht man Form als *Leere*. Aus der Perspektive der *unvollkommenen Weisheit* (*Unwissenheit*) sieht man *Leere* als Form. Sie entsprechen sich präzise. Man schaue sich um, gibt es etwas in unserem Gesichtsfeld, das nicht Form ist?

....

«Dasselbe gilt für Sinnesempfindung, Wahrnehmung, Willenstendenzen und Bewusstsein.»

«Dasselbe gilt ...» heisst: *Sinnesempfindung* ist nichts anderes als *Leere, Leere* ist nichts anderes als *Sinnesempfindung; Wahrnehmung* ist nichts anderes als *Leere, Leere* ist nicht anderes als *Wahrnehmung; Willenstendenzen* sind nichts anderes als *Leere, Leere* ist nichts anderes als *Willenstendenzen; Bewusstsein* ist nichts anderes als *Leere, Leere* ist nichts anderes als *Bewusstsein.*

«Mein Pferd
klipp-klappt über die Felder – O ho!
Auch ich bin Teil des Bildes!»

Haiku-Meister Matsuo Basho

....

«O Shariputra, alle dharmas sind Formen der Leere; weder entstanden noch vergangen, weder unrein noch rein, weder zunehmend, noch abnehmend.»

Im Buddhismus wird *Dharma* definiert als das «Universale Gesetz», das allem Leben zu Grunde liegt, während *dharmas* (kleines «d») als «Dinge» oder «Phänomene», definiert wird. Das heisst, *dharmas* sind Objekte der Sinne.

Avalokiteshvara erklärt Shariputra, dass *alle dharmas Formen* der *Leere* sind. Der einzige Ort, wo *Formen der Leere* «wirklich» scheinen, ist unser Zustand der *unvollkommenen* Weisheit, in dem wir die *Leere* als *Sinnesobjekte* «sehen».

Avalokiteshvara hatte Shariputra bereits erklärt: *«Form ist nichts anderes als Leere, Leere ist nichts anderes als Form...»* und *«Dasselbe gilt für Sinnesempfindung, Wahrnehmung, Willenstendenzen und*

Bewusstsein.» Nun bestätigt er diese Aussagen, indem er sagt: «*alle dharmas sind Formen* (Dinge, Gestaltungen) *der Leere.*»

Einzig in unserem Zustand der unvollkommenen Weisheit, in unserer dualistischen Sicht, erscheinen «*dharmas*» als geboren/vergangen; unrein/rein; zunehmend/abnehmend. Wir können *Leere* nicht anders «sehen» als wie ein Ding, eine Gestalt, eine Form. Unsere gewöhnliche Sicht der Wirklichkeit kommt aus dem Standpunkt der Gegensätzlichkeit. *Leere* hat kein Gegenteil. *Leere* ist nicht dualistisch. Wenn sie dualistisch wäre, wäre sie bedingt. Wenn sie bedingt wäre, wäre sie sowohl das Subjekt als auch das Objekt von *Ursache und Wirkung*. *Leere* schliesst *Ursache und Wirkung* ein, enthält *Ursache und Wirkung*, ist aber nicht *Ursache und Wirkung* unterworfen. Leere ist «nicht zwei» und ist «nicht eins». Sie *ist* einfach.

Wenn Avalokiteshvara betont: «*...weder entstanden noch vergangen, weder unrein noch rein, weder zunehmend noch abnehmend*», dann setzt er den Ausdruck «*alle dharmas*» in seine richtige Perspektive; sie entstehen nicht und vergehen nicht. Wenn ein *dharma* nicht entsteht und nicht vergeht, ist es dann ein Ding? Ist es ein Phänomen? Was ist es? Ist es nicht bloss ein Name? Ein Name für etwas, dass wir für «wirklich» halten auf Grund unserer unvollkommenen Weisheit?

Zen vertritt den Standpunkt von «nicht zwei» und «nicht eins». In diesem «Standpunkt ohne Standpunkt» bedeutet «nicht zwei» eine Verneinung der Sichtweise, die das Ganze in zwei teilt, d.h. die dualistische Sicht, und «nicht eins» ist eine Verneinung der Sichtweise, die nur das Ganze allein betrachtet, ohne zwischen den Einzelheiten zu unterscheiden, d.h. die nicht-dualistische Einheits-Sicht. Die «Zen-Sicht» ist charakterisiert durch eine dritte Perspektive, eine Perspektive, die es erlaubt, sich frei zwischen den Standpunkten «nicht zwei» und «nicht eins» zu bewegen, die aber weder vom Dualismus noch vom Nicht-Dualismus begrenzt wird, d.h. weder dualistisch noch nicht-dualistisch ist.

«In der Leere gibt es keine Form, keine Sinnesempfindung, keine Wahrnehmung, kein Wollen, kein Bewusstsein; weder Auge, Ohr, Nase, Zunge, Körper noch Geist; weder Farbe, Klang, Geruch, Geschmack, Hautempfindung noch Erscheinungen; weder einen Bereich der Sinne noch einen Bereich des Bewusstseins...»

Alles, was wir denken, was wir sind, ist Täuschung. Warum? Einfach deshalb, weil wir *denken,* wir seien das, was-wir-*denken.* Wir leben in Unwissenheit über unser wahres Wesen.

> «Die ganze bedingte Existenz ist
> wie ein Tautropfen, eine Luftblase in einem
> Strom; wie ein Blitz, ein flackerndes Licht;
> wie eine Illusion, ein Phantom, ein Traum.
> So sollte sie betrachtet werden.»
> Diamant-Sutra

....

«...weder Unwissenheit noch ein Ende der Unwissenheit; weder Alter und Tod noch ein Ende von Alter und Tod; kein Leiden, keine Ursache des Leidens, kein Auslöschen des Leidens, keinen Weg zum Auslöschen des Leidens, ...»

In der *Leere,* dem Zustand der vollkommenen Weisheit, gibt es keine *Unwissenheit.*
Wo es keine *Unwissenheit* gibt, kann es *kein Ende von Unwissenheit* geben.
Wo es kein *Alter und Tod* gibt, kann es kein *Ende von Alter und Tod* geben.

Wo es kein *Leiden* (*Erste Edle Wahrheit*) gibt, kann es keine *Ursache des Leidens* (*Zweite Edle Wahrheit*) geben.
Wo es kein *Leiden* gibt, kann es *kein Auslöschen von Leiden* (*Dritte Edle Wahrheit*) geben.
Wo es kein Leiden gibt, kann es keinen *Weg zum Auslöschen des Leidens* (*Vierte Edle Wahrheit*) geben.

«... *keine Weisheit und kein Erlangen.*»
Es gibt keine Weisheit. Es gibt kein Wissen und keine Folge des Wissens. *Prajñāpāramitā* ist jenseits aller Weisheit. Es gibt kein Erlangen, da es nicht zu erlangen gibt. Der Wunsch, etwas zu erlangen, ist *Begierde* unter einem anderen Namen.

«Der Weg selbst ist mein Zuhause.»
Haiku-Meister Matsuo Basho

....

«*Da es nicht zu erlangen gibt, weilen die Bodhisattvas in Prajñāpāramitā, ohne Hindernisse im Geist. Frei von geisigen Hindernissen bedeutet frei von Angst; alle verblendeten Gedanken sind überwunden. Das ist Nirvāna.*»
Können wir dieses «nichts-tun» tun?
Können wir *Prajñāpāramitā* leben?

....

«*Alle Buddhas der Vergangenheit, Gegenwart und Zukunft leben Prajñāpāramitā und verwirklichen dadurch vollkommene und vollständige Erleuchtung.*»
Bist du bereit, deinen Namen auf die Liste der zukünftigen Buddhas zu setzen?

....

«Daher wisse, Prajñāpāramitā ist das grosse Mantra, das strahlende Mantra, das höchststehende Mantra, das Mantra ohne seinesgleichen; es beendet alles Leiden.»
Es gibt keine einzelne Definition für das Wort *Mantra*. Es ist ein zweisilbiges Sanskritwort, in dem die erste Silbe *«man»* als «denken» übersetzt wird und die zweite *«tra»* als «Hilfsmittel» oder «Werkzeug». Demzufolge kann ein *Mantra* als ein «Hilfsmittel oder Werkzeug des Denkens» definiert werden. Das *Mantra* kann aus einem Satz bestehen, einer Silbe oder einem Wort. Es muss nicht unbedingt einen wörtlichen Sinn beinhalten. Man findet *Mantras* in jeder Religion, jeder geistigen Praxis und auch in vielen sehr erfolgreichen Werbekampagnen.

Es ist ein Werkzeug des Denkens und darin liegt sowohl sein Nutzen als auch seine Nutzlosigkeit. In vielen Fällen ist der Wert eines *Mantra* umgekehrt proportional zur Häufigkeit seiner Rezitation. Denn je häufiger man ein *Mantra* rezitiert, desto mehr wird es ritualisiert. Die Nutzlosigkeit eines *Mantra* ist direkt proportional zu seiner Ritualisierung. Ein *Mantra* sollte ein Sprungbett sein oder ein Wegweiser, «ein Finger, der auf den Mond zeigt». Es ist ein einstweiliges Hilfsmittel und nicht das Ziel. Es sollte als ein Richtungsgeber benutzt werden und nicht als Selbstzweck.

Ein Arbeitskollege von mir hatte eine spirituelle Neigung und einen Guru. Der Guru wies ihn an, wann immer die Dinge gut laufen und wann immer die Dinge nicht gut laufen, ein Mantra zu rezitieren. Das Mantra, das er ihm für die Rezitation zuteilte, ist sehr bekannt und hoch geachtet für seine Autorität und Macht. Es lautet: «*Om Mani Padme Hum.*»

Mein Kollege war ganz von der Rezitation dieses Mantras eingenommen. Mir fiel des Öfteren auf, dass sich bei der Arbeit an einem Teamprojekt seine Lippen bewegten, während er lautlos das Mantra rezitierte. In schwierigen Situationen sprach er das Mantra hörbar vor sich hin. Je vertrackter das Problem wurde, desto lauter wurde sein «*Om Mani Padme Hum.*»

Eines Tages, als er wieder einmal bei einem Problem, welches das Entwicklungsteam zu lösen versuchte, mit der Mantra-Litanei anfing, fragte ich ihn, ob er glaube, dieses Mantra-Murmeln werde das vorliegende Problem lösen? Keine Antwort. Ich fragte ihn, ob die Rezitation seine Nervosität und Frustration reduziere, — während es die meinige eindeutig erhöhte? Keine Antwort. Dann fragte ich, ob die Rezitation ihm helfe, klarer über die verschiedenen Lösungsstrategien nachzudenken? Keine Antwort. Zuletzt fragte ich ihn, ob er meine, dieses Mantra übe einen magischen Zauber aus, der bewirken soll, dass das vorliegende Problem vertrieben wird? Diese letzte Frage brachte das Fass zum Überlaufen. Er stand auf und rief, sichtlich aufgebracht: «Du hast ganz offensichtlich keine Wertschätzung für das, was ich zu erreichen versuche.» Dann verliess er das Büro und kehrte für den restlichen Tag nicht wieder zurück. Die übrigen Mitarbeitenden lösten das Problem schliesslich und die Welt war wieder in Ordnung.

Als ich am nächsten Tag eintraf, sass der Mantra-Mann, wie er inzwischen genannt wurde, an seinem Pult. Wir nickten einander einen Gruss zu und machten uns beide wortlos an unsere Arbeit. Von Zeit zu Zeit warf ich, so unauffällig wie möglich, einen verstohlenen Blick in seine Richtung, in der Hoffnung, zu erspüren, wie er sich nach dem gestrigen Fiasko fühlte. Das Einzige, was mir auffiel, war, dass sich seine Lippen nicht in der gewohnten, mechanischen Art und Weise bewegten.

Als die Uhrzeiger auf «Mittagszeit» standen, wechselten wir die ersten Worte miteinander. Er fragte, ob ich Lust hätte auf ein Sandwich oder etwas Ähnliches als Picknick. Erst als wir am Seeufer sassen und den vorbeischwimmenden Schwänen Brotbrocken zuwarfen, erwähnte ich wie beiläufig, dass sich seine Lippen heute Morgen nicht in stiller Rezitation bewegt hätten. Zu meiner Erleichterung legte sich ein Lächeln über sein Gesicht. Er zog ein Stück Papier aus der Jackentasche und reichte es mir. Ich entfaltete es und las in gedruckter Schrift:

> «Es ist sehr gut, das Mantra *Om Mani Padme Hum* zu rezitieren. Aber wenn man es tut, sollte man seines Sinnes gewahr sein, denn die Bedeutung dieser sechs Silben ist tief und unermesslich.» - 14. Dalai Lama

Als ich ihm das Papier zurückgab, sagte er, immer noch lächelnd: «Ich hatte den Teil vergessen, der besagt: ‹Man sollte seines Sinnes gewahr sein, denn die Bedeutung dieser sechs Silben ist tief und unermesslich.›»

Wir hatten keine Brotbrocken mehr für die Schwäne. Diese zogen weiter.

....

«Dies ist die Wahrheit, ohne Trug.»

Diese Aussage gilt nur für den Autor, der die Aussage gemacht hat. Wir anderen wissen nicht, ob es die Wahrheit ist, und es einfach als wahr zu akzeptieren, ist bedeutungslos. Wir müssen die «Wahrheit» selber realisieren.

....

«Deshalb sprich das Prajñāpāramitā-Mantra und sage: »

Ja, *sprich* das Mantra, aber vergiss nicht, was der Dalai Lama über das Rezitieren eines Mantras gesagt hat:

«Man sollte seines Sinnes gewahr sein, denn die Bedeutung dieser Silben ist tief und unermesslich.»

....

«Gate! Gate! Paragate!»

Gegangen, gegangen, darüber hinausgegangen!

....

«Parasamgate!»

Über das «hinüber» hinausgegangen!

....

«Bodhi»

Vollkommene Weisheit, jenseits aller denkbaren Erfahrungen und Erkenntnisse.

Vollkommen erwacht!

. . . .

«Svaha!»
So sei es!

. . . .

«Prajñā Herz-Sutra.»
Der grosse Weg zur Vervollkommnung der Weisheit!

. . . .

Gegangen, gegangen, darüber hinaus gegangen!
Über das «hinüber» hinausgegangen!
Vollkommene Weisheit, jenseits aller denkbaren
Erfahrungen und Erkenntnisse.
Vollkommen erwacht! So sei es!
Der grosse Weg zur Vervollkommnung der Weisheit!

Aber es liegt nicht in den Worten. Niemals! Es liegt im Tun. Es liegt in den Aktionen und nicht in den Reaktionen. Wie Seng-ts'an, der Dritte chinesische Patriarch, es so treffend sagte:

«Worte! Worte!
Der Weg liegt jenseits von Sprache,
ohne gestern, ohne heute, ohne morgen.»

Hsin-hsin Ming: Meisselschrift vom Vertrauen in den Geist.
- nach Richard B. Clarke

19

WAS IST ZU TUN?

Setze dich hin in einer stillen Ecke und überdenke, was du soeben gelesen hast. Vergegenwärtige dir Buddha. Ein menschliches Wesen. Ein aussergewöhnliches menschliches Wesen. Eines der wenigen aussergewöhnlichen Wesen, das die Welt gesehen hat. Vergegenwärtige dir die Bodhisattvas; Menschen, die den Entschluss gefasst haben, dem Weg von Buddha zu folgen.

Nun überdenke die Worte des Buddha und der Bodhisattvas. Versuche zu begreifen, wie schwierig es ist, das wortlos Erfahrene in Worte zu fassen. Stell dir vor, wie der Buddha fünfundvierzig Jahre seines Lebens damit zugebracht hat, dieses Wortlose in Worten auszudrücken. Stell dir die vielen tausend Menschen vor, die diese Worte gehört haben. Stell dir vor, wie viele von ihnen sich einfach abgewendet haben, um etwas anderes zu suchen, etwas, das ihnen «besser passt», oder die zu beschäftigt waren damit, ihr miserables Leben in den alten Bahnen fortzuführen und keine Zeit hatten, sich um solche Worte zu kümmern. Stell dir die wenigen vor, die ihre Ausrichtung, ihren Kompass in den Worten und Taten des Buddha gefunden haben. Stell dir vor, wie sich diese Menschen, über die Jahre, langsam und beständig in die Richtung – wenn es denn so etwas wie eine «Richtung» gibt – von Bodhisattva- und Buddhaschaft bewegt haben. Könnte es sein, dass du einer von ihnen bist? Könnte es sein, dass du in diesem Leben «wieder erwacht» bist, so wie du schon einmal zu Buddhas Zeit oder in früheren Zeiten «erwacht» bist? Wer kann das sagen? Vielleicht ist das alles Spekulation; vielleicht nicht.

Es gibt in allen von uns ein Innerstes, in dem die Worte des *Herz-Sutra*, der *Vier Edlen Wahrheiten* und des *Achtfachen Edlen Pfades* einen Nachhall finden. Dieser Nachhall steht im Gegensatz zu dem, was ein grosser Teil der Gesellschaft als wertvoll und erstrebenswert propagiert. Das war nicht anders, als diese Worte vom ersten Buddha verkündet wurden und nicht anders, als Shakyamuni Buddha sie aussprach; und es wird nicht anders sein, wenn der/die nächste Buddha in Erscheinung tritt. Diese Welt ist, *wie sie ist*; wir aber machen sie zu dem, was sie *nicht ist*, weil wir meinen, wir wüssten es besser.

Wir sind nicht zufällig hier und wir sind nicht hier, um diese Welt zu verändern. Wir sind hier, um uns selbst zu verändern. So einfach ist das.

In der buddhistischen Kosmologie gilt eine menschliche Geburt als etwas äusserst Seltenes. Es heisst, sie sei so selten wie die Wahrscheinlichkeit, dass eine blinde Wasserschildkröte, die alle hundert Jahre einmal vom Grund des Ozeans auftaucht, ihren Kopf durch einen an der Oberfläche schwimmenden Rettungsring steckt. Es wird auch allgemein gesagt, dass man, wenn man aus dem gegenwärtigen Leben keinen Schlamassel macht, die Chancen grösser sind, wieder als Mensch geboren zu werden. Vielleicht so, dass das Loch im Ring etwas grösser wird oder die Wasserschildkröte eine klarere Sicht gewinnt. Natürlich weiss dies niemand mit Sicherheit, ausser der Schildkröte. Aber die hat sich bis jetzt nicht geäussert.

Eines ist sicher, du hast Zeit, Lebenskraft und Gedanken in dieses Buch investiert. Das allein könnte dir etwas sagen. Horche auf dein Herz. Horche auf deinen klaren Geist.

«Sei ein Licht für dich selbst.»
- J. Krishnamurti

Möge Dein Leben gut gehen!

20

DAS HERZ-SUTRA
In einer Version der deutschsprachigen Übersetzungen

Der Bodhisattva Avalokiteshvara, tief in Prajñā-pāramitā versunken, sah deutlich, dass die Fünf Skandhas leer sind und überwand dadurch alle Unwissenheit.

O Shariputra, Form ist nichts anderes als Leere, Leere ist nichts anderes als Form. Form ist identisch mit Leere, Leere ist identisch mit Form. Dasselbe gilt für Sinnesempfindung, Wahrnehmung, Willenstendenzen und Bewusstsein.

O Shariputra, alle dharmas sind Formen der Leere; weder entstanden noch vergangen; weder unrein noch rein; weder zunehmend noch abnehmend.

In der Leere gibt es keine Form, keine Sinnesempfindung, keine Wahrnehmung, kein Wollen, kein Bewusstsein; weder Auge, Ohr, Nase, Zunge, Körper noch Geist; weder Farbe, Klang, Geruch, Geschmack, Hautempfindung noch Erscheinungen; weder einen Bereich der Sinne noch einen Bereich des Bewusstseins; weder Unwissenheit noch ein Ende der Unwissenheit; weder Alter und Tod noch ein Ende von Alter und Tod; kein Leiden, keine Ursache des Leidens, kein Auslöschen des Leidens, keinen Weg zum Auslöschen des Leidens; keine Weisheit und kein Erlangen.

Da es nicht zu erlangen gibt, weilen die Bodhisattvas in Prajñāpāramitā, ohne Hindernisse im Geist. Frei von geistigen Hindernissen bedeutet frei von Angst; alle verblendeten Gedanken sind überwunden.
Das ist Nirvāna.

Alle Buddhas der Vergangenheit, Gegenwart und Zukunft leben Prajñāpāramitā und verwirklichen dadurch vollkommene und vollständige Erleuchtung.

Daher wisse, Prajñāpāramitā ist das grosse Mantra, das strahlende Mantra, das höchststehende Mantra, das Mantra ohne seinesgleichen; es beendet alles Leiden. Dies ist die Wahrheit, ohne Trug. Deshalb sprich das Prajñāpāramitā-Mantra und sage:

Gate! Gate! Paragate! Parasamgate! Bodhi Svaha!
Das Herz-Sutra der grossen Weisheit.

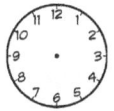

21

Maka Hannya Haramita Shingyo

Das Herz-Sutra in einer Version der sino-japanischen Aussprache

KAN JI ZAI BO SA GYO JIN HAN NYA HA RA MI TA JI
SHO KEN GO ON KAI KU DO IS SAI KU YAKU.

SHA RI SHI SHIKI FU I KU KU FU I SHIKI.

SHIKI SOKU ZE KU KU SOKU ZE SHIKI JU SO GYO SHIKI
YAKU BU NYO ZE.

SHA RI SHI ZE SHO HO KU SO FU SHO FU METSU FU KU
FU JO FU ZO FU GEN.

ZE KO KU CHU MU SHIKI MU JU SO GYO SHIKI MU GEN
NI BI ZE SHIN NI MU SHIKI SHO KO MI SOKU HO MU
GEN KAI NAI SHI MU I SHIKI KAI MU MU MYO YAKU MU
MU MYO JIN NAI SHI MU RO SHI YAKU MU RO SHI JIN
MU KU SHU METSU DO MU CHI YAKU MU TOKU I MU
SHO TOK KO.

BO DAI SAT TA E HAN NYA HA RA MI TA KO SHIN MU
KE GE MU KE GE KO MU U KU FU ON RI IS SAI TEN DO
MU SO KU GYO NE HAN.

SAN ZE SHO BUTSU E HAN NYA HARA MIT TA KO TOKU
A NOKU TA RA SAM MYAKU SAM BO DAI KO CHI HAN
NYA HA RA MI TA ZE DAI JIN SHU ZE DAI MYO SHU ZE
MU JO SHU ZE MU TO TO SHU NO JO IS SAI KU SHIN
JITSU FU KO.

KO SETSU HAN NYA HA RA MI TA SHU SOKU SETSU
SHU WATSU:

GYA TEI GYA TEI HARA GYA TEI HARA SO GYA TEI
BO DHI SOWA KA.
HAN NYA SHIN GYO.

Glossar

für gewöhnliche und ungewöhnliche Begriffe in diesem Buch

Aha-Erlebnis: Eine «Aha-Erfahrung», ein plötzliches Erkennen; der Begriff stammt vom deutschen Psychologen Karl Bühler.

Arahat/Arahatā: «Ein Ehrwürdiger»/«eine Ehrwürdige» oder eine «vervollkommnete Person».

Asket: Jemand, der sein Leben ganz den spirituellen Idealen und der Praxis der Enthaltsamkeit widmet. Siddhārtha übte sechs Jahre lang eine sehr extreme Form der Askese aus, bevor er sie zu Gunsten des «Mittleren Weges» aufgab.

Asana: Bezeichnung für die Körperstellungen im Hatha-Yoga.

Avalokiteshvara: Der im Buddhismus, insbesondere im Mahāyanā-Buddhismus, sehr hoch angesehene Bodhisattva des allumfassenden Mitgefühls. Auch bekannt unter den Namen: Chenrezig, Guanyin, Kannon, Kanzeon, Kuan-yin, Kuze Kannon, Lokeshvara und andere.

Basho, Matsuo (1644-1694): Äusserst berühmter Poet der Edo-Zeit in Japan. Heute gilt er als der grösste Haiku-Meister aller Zeiten.

«Eine Raupe
so spät im Herbst
noch immer kein Schmetterling.»
- Matsuo Basho

Begierde: «Einer der Faktoren im Bewusstsein ist *Begierde*. Aus Wahrnehmung, Kontakt und Sinnesempfinden schafft das Denken ein Bild, und das Verfolgen dieses Bildes ist die *Begierde* nach Erfüllung, mit all der Frustration und Bitterkeit, die daraus resultieren. Nun, wie ist es möglich, eine Sinnesempfindung wahrzunehmen, ohne dass daraus *Begierde* wird? Reines Wahrnehmen. Das heisst, man muss das Wesen des Denkens verstehen, denn es sind die Gedanken, die der *Begierde* Kontinuität verleihen; es ist das Denken, das aus der Sinneswahrnehmung ein Bild schafft mit dem darauffolgenden Streben nach dem Bild.»
- J. Krishnamurti *The Wholeness of Life;* Teil 2, Kap. 15

Benares: Heutzutage bekannt als Varanasi, Stadt in Nordindien, im Distrikt Uttar Pradesh, am Ufer des Ganges. Es ist eine der am längsten dauernd bewohnten Städte weltweit. Als die spirituelle Hauptstadt Indiens ist es die heiligste der sieben heiligen Städte im Hinduismus und Jainismus. Manche sagen, es sei bloss ein hauchdünner Schleier, der die materielle Welt von der geistigen Welt in Varanasi trenne.

Bewusstsein: «Wenn ihr euch der eigenen Konditionierung bewusst werdet, werdet ihr die Gesamtheit eures Bewusstseins verstehen. Bewusstsein ist das ganze Feld, in dem Gedanken wirken und Beziehungen existieren. Jegliche Motivation, Absicht, Sehnsucht, Hoffnung, Sorge und Freude befinden sich in diesem Feld. Aber wir haben begonnen, das Bewusstsein zu unterteilen in die aktive und die schlafende, die obere und die untere Ebene – das heisst, alle täglichen Gedanken, Gefühle und Aktivitäten sind oben, und darunter ist das sogenannte Unterbewusstsein mit all den Dingen, die uns nicht vertraut sind, die sich gelegentlich durch gewisse Andeutungen, Intuitionen und Träume äussern.

Wir beschäftigen uns mit einem einzigen kleinen Winkel des Bewusstseins, der fast unser ganzes Leben ausmacht; vom Rest, den wir Unterbewusstsein nennen, mit all seinen Trieben, Ängsten, angeborenen und geerbten Eigenschaften, wissen wir nicht einmal, wie wir uns annähern können Es scheint mir, dass es ebenso trivial und dumm ist wie die bewusste Denkart – ebenso borniert, konditioniert, ängstlich, eng und billig.»
- aus: J. Krishnamurti *Freedom from the Known;* Kap. 3

Bodh Gaya: Ein religiöser Pilgerort in der Nachbarschaft des Mahābodhi-Tempels in Gaya. Dort steht der Bodhi Baum, unter dem der Buddha zur Erleuchtung kam.

Bodhi: Gleichbedeutend mit Erleuchtung, Erkenntnis, Erwachen, Einsicht in die transzendente Wahrheit.

«Ihr seid alle Buddhas.
Es gibt nichts, das ihr erlangen müsst;
öffnet bloss eure Augen!»
- Der Buddha

Bodhisattva (Bodhi= Erleuchtung + Sattva = Wesen): Im frühen Buddhismus wurde der Begriff eigens für Shakyamuni Buddha in seinen früheren Leben verwendet. Heute steht er für jemanden, dessen Handeln von tiefer Weisheit und grossem Mitgefühl motiviert wird.

Boom-box: Eine grauenhaft laute Stereobox, normalerweise mit Batterien betrieben und klein genug, um beim Gehen auf der Schulter getragen zu werden. Der kleine Bruder eines Ghetto Blaster.

Brahmanen: Angehörige einer hinduistischen Kaste; spezialisiert als Priester, Lehrer und Behüter der heiligen Schriften über Generationen. Sie sind zuständig für religiöse Tempelrituale, als Mittler zwischen den Tempelgottheiten und den Gläubigen sowie für Zeremonien wie z.B. das feierliche Vollziehen von Hochzeiten mit Hymnen und Gebeten.

Buddha: Ein (zur Wirklichkeit) Erwachter

Buddhistische Kosmologie: Die Beschreibung des Universums gemäss den buddhistischen Schriften und den damit verbundenen Kommentaren. Die buddhistische Weltanschauung ist nicht (und sollte es auch nicht sein) übereinstimmend mit den astronomischen Daten. Sie beschreibt das Universum aus der Sicht der vollendeten Weisheit (*Prajñāpāramitā*).

Byrom, Thomas: Übersetzte die buddhistische Spruchsammlung *Dhammapada* in einer besonders poetischen Art und Weise ins Englische. Sehr empfehlenswert ist die Ausgabe in der Reihe *Shambala Pocket Classics,* herausgegeben vom Shambala Verlag.

CERN: European Organization for Nuclear Research

Channa: Der Diener und Kutscher von Prinz Siddhārtha. Er erklärte Siddhārtha den Anblick eines alten Menschen, einer kranken Person, eines Leichenzuges und eines Asketen. Später wurde er ein Schüler Buddhas und schliesslich ein Arahat.

Clarke, Richard B. (1933 - 2013): Amerikanischer Zen-Lehrer. Er übersetzte u.a. die Schrift *Hsin Hsin Ming* (*Meisselschrift des Vertrauens in den Geis*t) ins Englische. Seine Übertragung dieses Textes vom dritten chinesischen Zen-Patriarchen Seng-ts'an ist eine der poetischsten und verständlichsten.

Dalai Lama: Das ist der Titel für den höchstrangigen Mönch in der Schule der «Gelbmützen» des tibetischen Buddhismus. Er ist der jeweilige Nachfolger in der Linie von Lehrern, die als Verkörperungen von Bodhisattva Avalokiteshvara angesehen werden. Der Name besteht aus dem mongolischen Wort «Dalai» = «Ozean» und dem tibetischen Wort «Bla-ma» = «Lehrer», «Mentor», «Guru».

Dhammapada: Eine Sammlung von Buddhas Aussagen in Form von Versen. Sie enthält eine Vielfalt an Themen und bietet einen ausgezeichneten Zugang zur buddhistischen Lehre. Die Verse sind kristallklar in ihrer Form und Bedeutung. Es gibt diverse Versionen des *Dhammapada* gedruckt und im Internet.

Dharma: Dieses Wort hat in der indischen Philosophie viele Bedeutungen. Je nachdem, ob man einen hinduistischen, buddhistischen, Sikh- oder Jain-Text liest. Und wie mit allen Sanskritworten gibt es keine einfache Übersetzung in westliche Sprachen. Alle Bedeutungen des Wortes beziehen sich auf «die richtige Art zu leben» oder «das kosmische Gesetz» oder den «wahren Weg». Es steht auch für die Lehre eines Buddha. Es ist ein *riesiges* Wort, das alles in dieser Welt und darüber hinaus beinhalten kann. Im Buddhismus ist es definiert als «das kosmische Gesetz» und als die Lehre Buddhas.

Denken (engl. thought): «Was verstehen wir unter Gedanken? Offensichtlich ist Gedanke ein Vorgang des Denkens, nicht wahr? Gedanken sind mentale Prozesse, Denkvorgänge; und denken ist immer eine Reaktion des Bewusstseins oder des Unbewusstseins. Denken ist ein Prozess der Verbalisierung, welche ihrerseits das Resultat von Erinnerung ist. Denken ist ein Prozess der Zeit.»
- übers. aus: J. Krishnamurti, *Collected Works*, Vol. VI, p. 260

Diamant-Sutra: Ein Dialog zwischen dem Buddha und Subhuti, der Fragen von Subhuti zu beantworten versucht. Das Sutra endet mit dem wunderschönen Vers:

> «Die ganze bedingte Existenz ist
> wie ein Tautropfen, eine Luftblase in einem
> Strom; wie ein Blitz, ein flackerndes Licht;
> wie eine Illusion, ein Phantom, ein Traum.
> So sollte sie betrachtet werden.»

Dukkha: Buddhas Definition des menschlichen Zustands: Leben ist *Dukkha*. *Dukkha* beinhaltet die ganze Bandbreite der menschlichen Erfahrungen in all ihren körperlichen und psychischen Manifestationen. *Dukkha* ist mehr als Leiden in Form von Schmerz und Sorgen und Angst und Stress, wie es in westlichen Wörterbüchern oft heisst. Es wurzelt tiefer und ist viel umfassender als das, was diese Worte beinhalten. *Dukkha* ist tief verwurzelte Unzufriedenheit. Weder das Denken noch Gebete noch andere mentale Konstruktionen können diese Unzufriedenheit eliminieren.

Erleuchtung: siehe «**Bodhi**.»

Fata Morgana: Trugbild, Illusion

Ganges (indisch: «die Ganga»): « ... Die Ganga ist, vor allem, derjenige Fluss Indiens, der das Herz Indiens seit der Dämmerung der Geschichte gefangen hält und unzählige Millionen von Lebewesen an seine Ufer gezogen hat. Die Geschichte der Ganga ist, von der Quelle bis zur Mündung, von der alten bis in die neue Zeit, die Geschichte der indischen Zivilisation und Kultur, des Aufstiegs und Falls des Empires, der grossen und stolzen Städte, der Abenteuer der Menschheit.»
- aus: Jawaharlal Nehru, *Discovery of India*

Guru: In der hinduistischen ursprünglichen Bedeutung definiert als ein «religiöser Lehrer» und «spiritueller Führer». Heutzutage definiert als «Lehrer oder Führer, dem man mit ganzen Herzen vertraut».

Heraklit (ca. 540 - ca. 480 v. Chr.): Griechischer Philosoph. Von ihm stammen die berühmten Sätze: «Es ist unmöglich, zweimal in denselben Fluss zu springen.» «Viel Wissen bedeutet noch nicht viel Verstehen.» «Die Sonne scheint jeden Tag neu.» - alle Zitate aus www.aphorismen.de

Hui-neng (jap. Enō, 638-713): Einer der einflussreichsten Vertreter des chinesischen Ch'an-Buddhismus. Er ist der Sechste und letzte Patriarch in der Übertragungslinie der Ch'an (jap. Zen)-Schule. Er gilt als der Autor des *Plattform-Sutras,* auch *Sutra des Sechsten Patriarchen* genannt. In diesem werden viele buddhistische Texte zitiert und erklärt: *Diamant-Sutra, Lankāvatāra-Sutra, Mahāparinirvāna-Sutra, Mahāprajñāpāramitā-Sutra, Brahmajāla-Sutra, Vimalakirti-Sutra, Lotus-Sutra* und andere.

Indras Netz: Der indische Gott Indra besitzt ein Netz mit einem facettenreichen Juwel an jedem Knotenpunkt. Jedes Juwel spiegelt jedes andere Juwel. Es ist ein Sinnbild für die Vernetzung des Universums.

Inkin: Eine an einem Griff in der Hand gehaltene Klangschale. Wird u. a. dazu benutzt, die Länge der Sitzperioden bei der Zen-Meditation (Zazen) zu markieren.

Jātakam: Erzählungen über Buddhas frühere Leben in Menschen- und Tiergestalt. Er erscheint als König, Ausgestossener, Gott, Elefant usw. In jeder Erzählung manifestiert er eine spezifische Tugend, für die die Erzählung exemplarisch ist.

Kalama, Alara: Ein heiliger Einsiedler und Lehrer der Yoga-Meditation. Nachdem Siddhārtha ein Asket geworden war, verbrachte er zuerst einige Zeit mit Alara und dessen Jüngern. Alara führte ihn u. a. in die Methode der Mantra- und Visualisierungs-Meditation ein mit der Betonung auf den sogenannten Jhana-Zustand.
- Siehe auch http://wiki.yoga-vidya.de

Kapila: Ein vedischer Heiliger und Mitbegründer der Samkhya-Schule der Hindu-Philosophie. Er lebte ca. 200 Jahre vor Shakyamuni Buddha.

Kapilavastu: Die Stadt, in der Siddhārtha Gautama aufwuchs und bis zu seinem Auszug aus dem Königreich und dem Beginn des Asketentum lebte. Die Gelehrten sind sich nicht einig über den genauen Standort der ursprünglichen Stadt. Einige lokalisieren sie in Südnepal, westlich von Lumbini, andere platzieren sie in Nordindien. Die Stadt wurde im Gedenken an Kapila heiliggesprochen, dessen philosophische Lehren dem Buddha sehr vertraut gewesen sein sollen.

Kapok: Die Fasern des Baumwollbaumes, die u.a. dazu benutzt werden, Meditationskissen und Lebensrettungs-Westen zu füllen.

Karma: Ein Begriff aus dem Sanskrit mit der Bedeutung «Aktion» oder «tun». In der buddhistischen Überlieferung bezieht sich Karma auf Taten, die durch Absicht (Wille) motiviert sind und zukünftige Konsequenzen haben. Diese Absichten (Willenstendenzen) gelten als die entscheidenden Faktoren in der Art von Wiedergeburt in Samsāra (siehe **Samsāra**), dem Kreislauf von Werden und Vergehen.

In den Schriften steht, der Buddha sei einmal gefragt worden: «Was ist die Ursache, was ist der Grund, oh

Ehrwürdiger, dass es unter den Menschen kurzlebige und langlebige gibt, gesunde und kranke, hässliche und schöne, solche ohne Einfluss und solche mit Macht, arme und reiche, niedrig-geborene und hochgeborene, unwissende und weise?» Der Buddha antwortete: «Jedes Lebewesen hat seine eigene Lebensführung (Karma), sein eigenes Erbe, seine angeborenen Veranlagungen, seine Verwandtschaften, seine Sicherheitsmechanismen. Es ist das Karma, das, die Menschen in niedrige und hohe Zustände unterteilt.»
- buddhanet.net

Krishnamurti, Jiddu (11.05.1895-17.02.1986): Es ist etwa zwanzig Jahre her, als ich Krishnamurti «fand», zufällig in einem Bücher-Brockenhaus; unter dem Titel *The First and Last Freedom*. Seither hat er nie aufgehört, mir seine Bücher zu «lesen». Ich sage «lesen», weil es ist, als spreche er direkt zu mir. Er kann einen Raum schaffen, in dem zwei Seelen miteinander kommunizieren können ohne Hindernis. Seine Schriften erinnern mich an die Sutras von Buddha: makellos logisch; präzise Wortwahl; bohrende, manchmal irritierende Fragen. J.K. betont, dass man die Reise der Selbst-Erleuchtung für und mit sich allein machen muss. Man ist selbst verantwortlich für das, was man ist und woran man gebunden ist. Es ist eine kompromisslose Einstellung, ausgesprochen von jemandem, der «gesehen» hat, *was so ist, wie es ist*. Er sagte einmal: «Die Wahrheit ist ein wegloses Land» und versuchte für den Rest seines Lebens, uns zu zeigen, wie grossartig dieses Land ist.

> Es gibt viele Webseiten, auf denen J.K.s Werke in pdf-Format oder Audiotape zu finden sind. Wer sich dafür interessiert, dem würde ich *The First and Last Freedom* als Einstiegswerk empfehlen.

leer: Wird oft benutzt im Sinne der «Qualität» oder der «Natur von leer-sein». Zum Beispiel: Die Qualität der Form ist leer-sein. Das bedeutet: Form ist bedingt; ohne

Substanz, ohne Beständigkeit. Das heisst nicht, dass Form nicht existiert. Es heisst, dass wir Form nicht richtig sehen bzw. verstehen, weil wir *unwissend* sind.

Leere: Definiert als die letztendliche Wirklichkeit. Sie ist das allem zu Grunde liegende Prinzip. Sie ist dieses Universum und alle anderen entdeckten und nicht-entdeckten Universen und darüber hinaus. Sie ist alles. Ausserhalb der Leere gibt es nichts. Sie ist unfassbar und undenkbar und die Forscher am CERN werden sie nicht erfassen. Es sei denn, sie entdecken den Zustand von *Prajñāpāramitā*. Leere ist «voller Zeug», das für etwas Wirkliches gehalten wird, wie z.B. Form oder Bewusstsein oder der «Big Bang» oder Higgs-Boson. Aber sie ist nichts von dem. Sie *ist* einfach – Punkt!

Lehre des bedingten Entstehens: «Wenn dieses ist, wird jenes; wenn dieses entsteht, entsteht jenes; wenn dieses nicht ist, wird jenes nicht; wenn dieses vergeht, vergeht jenes.»

Lotus-Haltung: Sitzhaltung mit gekreuzten Beinen, wobei beide Füsse (Voll-Lotus) oder ein Fuss (Halb-Lotus) auf dem gegenüberliegenden Oberschenkel liegen. Gebräuchliche Meditationshaltung in vielen Schulen. Es heisst, diese Haltung gleiche einem Lotus. Sie fördert richtiges Atmen und Körperstabilität.

> Für viele Menschen ist es schwierig die Lotus-Haltung einzunehmen. Man soll aber nicht meinen, man könne nicht meditieren, ohne im Lotus zu sitzen. Das ist bloss eine Idee; fallen Sie nicht darauf herein!

Lumbini: Der Geburtsort von Siddhārtha Gautama.

Müller M. (1823-1900): Friedrich Max Müller war ein deutschstämmiger Philologe und Orientalist. Er lebte und studierte die meiste Zeit seines Lebens in England. Unter seiner Leitung entstand The *Sacred Books of the East*. (Anmerkung: Dies ist ein Werk von unschätzbarem Wert. Es ist im Internet allgemein zugänglich.)

Magadha: Ein altes indisches Königreich, das im heutigen Bihar-Staat im Nordosten Indiens liegt. Es war das Zentrum von mehreren grossen Königreichen zwischen dem 6. und 8. Jahrhundert n.Chr.

Mahā: Gross, z.B. *Mahābodhi* = grosses Erwachen

Meditation: «Meditation ist etwas ganz Ausserordentliches, und wer nicht weiss, was es ist, ist wie ein blinder Mensch inmitten einer Welt von Farben, Schatten und tanzendem Licht. Es ist keine intellektuelle Sache, aber wenn das Herz in den Geist eintritt, dann hat der Geist eine ganz andere Qualität: Er ist dann wirklich grenzenlos, nicht nur in seiner Kapazität des Denkens und des effizienten Handelns, sondern auch im Gefühl, in einem unermesslichen Raum zu leben, in welchem man Teil von allem ist. Meditation ist der Fluss der Liebe. Nicht der Liebe zu diesem oder jenem. Es ist wie Wasser, das jedermann trinken kann aus irgendeinem Gefäss, ob dieses aus Gold oder aus Tonerde geschaffen ist: es ist unerschöpflich. Und es geschieht etwas Seltsames, das weder Drogen noch Selbsthypnose hervorrufen können: Es ist, als träte der Geist in sich selbst ein, beginnend an der Oberfläche dringt er tiefer und tiefer, bis Tiefe und Höhe ihre Bedeutung verloren haben und jegliches Mass aufhört zu sein. In diesem Zustand existiert vollkommener Friede – nicht Zufriedenheit, die durch eine Befriedigung zustande gekommen ist – sondern ein Friede mit Ordnung, Schönheit und Intensität. Es kann alles zerstört werden, so wie man eine Blume zerstören kann, doch gerade wegen dieser Verletzlichkeit ist er unzerstörbar. Diese Meditation kann man nicht von jemandem anderen

lernen. Man muss damit anfangen, ohne etwas davon zu wissen und von Nichtwissen zu Nichtwissen fortschreiten.»
- aus J. Krishnamurti *Meditations;* 1969; Part 4

Mudra: Eine symbolische Handhaltung, eingenommen während der Sitzmeditation.

Nairañjanā Fluss (heute Lilaja Fluss): Der Fluss, der in der Nähe von Bodh Gaya nach Norden zum Ganges fliesst. Siddhārtha praktizierte an seinen Ufern, im Wald nahe des Dorfs Uruvela, sechs Jahre lang ein hartes Asketentum.

Nirvāna: Erlöschen von *Dukkha,* Erlöschen von *Unwissenheit.*

Paragate: Darüber hinausgegangen.

Pāramitā: Vervollkommnung

Parasamgate: Über *Paragate* hinausgegangen.

Photoshop: Ein Computerprogramm zum Bearbeiten von Bildern.

Prajñā: Weisheit

Prajñāpāramitā: Wird definiert als «vollendete Weisheit», oder «vervollkommnete» Weisheit; ein Zustand jenseits allen Wissens und Erfahrens.

Samsāra: Wörtlich «kontinuierliche Bewegung». Es ist der endlose Kreislauf von Geburt und Tod, der sich aus dem Nicht-Verstehen der *Vier Edlen Wahrheiten* ergibt.

Sangha: Die Gemeinschaft der praktizierenden Buddhisten und Buddhistinnen.

Sanskrit: Alt-indische Sprache, die von den indischen Denken speziell für Sachverhalte des geistigen Bereichs entwickelt wurde. Die meisten schriftlichen buddhistischen Texte wurden ursprünglich in Sanskrit oder Pali (Buddhas eigene Muttersprache) verfasst.

Shakya (ca. 600 v. Chr.): Ein kleiner unabhängiger Staat am Fusse des Himalaja-Gebirges. Kapilavastu (siehe dort) war seine Hauptstadt. Die Shakyas waren ein Stamm von Kriegern (Kshatriya Kaste). Shakyamuni Buddha = der Buddha vom Shakya Stamm.

Shariputra: Einer von Buddhas Schülern. Der Buddha nannte ihn einen wahrhaft geistigen Sohn.

Skandha: Eine Anhäufung oder ein «Haufen». Es gibt fünf «Haufen», die unsere ganze körperliche und mentale Existenz ausmachen. Wir existieren nur auf Grund dieser fünf Faktoren. Der Buddha definierte die fünf Skandhas als Form (Rupā), Sinnesempfindung (Vedanā), Wahrnehmung (Samjñā), Willenstendenzen (Samskāra) und Bewusstsein (Vijñāna).

Sutra: Eine Form von religiöser Literatur in vielen asiatischen Überlieferungen. Ursprünglich wurden sie mündlich weitergegeben. Im Buddhismus bezieht sich *Sutra* explizit auf Buddhas Lehrreden.

Svaha: « So sei es.»

Unwissenheit: Der Zustand unseres gewöhnlichen, alltäglichen Daseins. Der Zustand von *nicht-vollendeter Weisheit*. Charakterisiert durch unser Nichtverstehen der *Vier Edlen Wahrheiten*.

Willenstendenz: Siehe Kapitel 13, *Die Lehre des bedingten Entstehens*.

Yashodharā: Ehefrau von Siddhārtha Gautama. Sie wurde am selben Tag und Monat geboren wie Siddhārtha und war dessen Kusine. Zur Zeit ihrer Hochzeit waren beide sechzehn Jahre alt. Mit neunundzwanzig gebar sie ihr einziges Kind, einen Jungen namens Rāhula. Sie galt als eine Arahatā (siehe Arahat) und starb im Alter von achtundsiebzig Jahren, zwei Jahre vor Buddhas Parinirvana (Nirvāna nach dem Tod).

www.ingramcontent.com/pod-product-compliance
Lightning Source LLC
Chambersburg PA
CBHW051654040426
42446CB00009B/1126